海南文獻叢刊·綜傳一

海南王曰琪公次支系譜

The Genealogy of Wang-yue-chi
Second Branch on Hainan

王 會 均 纂

文史哲出版社印行

國家圖書館出版品預行編目資料

海南王曰琪公次支系譜＝The Genealogy of
Wang-yue-chi Second Branch on Hainan /
王會均纂. -- 初版 -- 臺北市：文史哲，
民 99.01
　　頁；　公分. --（海南文獻叢刊·綜傳；1）
ISBN 978-957-549-879-5(平裝)

1.王氏 2.族譜

789.2　　　　　　　　　　　　　99000556

海南文獻叢刊·綜傳一

海南王曰琪公次支系譜

纂　　者：王　　　會　　　均
出 版 者：文　史　哲　出　版　社
　　　　　http://www.lapen.com.tw
　　　　　e-mail：lapen@ms74.hinet.net
登記證字號：行政院新聞局版臺業字五三三七號
發 行 人：彭　　　正　　　雄
發 行 所：文　史　哲　出　版　社
印 刷 者：文　史　哲　出　版　社
　　　　　臺北市羅斯福路一段七十二巷四號
　　　　　郵政劃撥帳號：一六一八〇一七五
　　　　　電話886-2-23511028・傳真886-2-23965656

實價新臺幣二八〇元

中 華 民 國 九 十 九 年 （2010） 一 月 初 版

謹以

本書奉獻

先祖王啟霖公大人

祖母李　　　氏大人

先君王運烈公大人

先慈陳　　　氏大人

感懷撫育之恩

王會均

頓　首

王氏大宗

正面

承天潢之華胄

衍裔苗於太原

王曰琪公紀念堂

正堂

祖德蔭庇嗣裔繁衍千秋旺

宗恩潤澤瓜瓞綿延萬代興

祖宗神牌

明代進士王弘誨題

系出有周太祖太宗周太子

名登大宋世家世族宋世臣

三魂堂
陽江大寮村
肇基始祖王汝寳公

臺灣奉祀臺

海南王曰琪公次支系譜

目　次

書《海南王曰琪公次支系譜》成

臺灣諺云「吃果子拜樹頭」，於是顯示，飲水思源，尋根探源，誠亦人之本也。

黃帝，乃我國上古氏族太祖，納四妃，生二十五子。其第四世孫是帝嚳，十九世孫周文王（昌）、二十世孫周武王（發），迨四十一世孫周靈王（泄心），四十二世孫晉（字子喬，本姓姬，後以王子喬行世），是為"王氏"繫姓之始祖，亦係王氏共同的始祖耶。

王氏，世稱鉅族，源流久遠，出自黃帝，計有：姬姓之王、媯姓之王、子姓之王，皆天子之裔。然源自姬姓，望出太原、瑯琊之王，乃周靈王（泄心）太子：晉，及其子：宗敬（亦有作：宗恭）為司徒之後，居山西太原，時人號稱：王家，是為太原"王氏"繫姓之始祖焉。

唐僖宗光啟元年（885）乙巳，王子喬、王宗敬之後，第四十九世祖：審潮、審邽、審知三兄弟為治閩亂，從光州（一作：中州）扶母徐氏來福建，開闢閩疆，封為「開閩王」，相傳子侄：延興、延彬、延翰、延望等十二人，散居福州、泉州、建州、汀州，暨興化等地。吾宗渡瓊太始祖：王曰琪公，原籍：福建興化府莆田縣，未審先祖係「延」字何系之後，尚待後人查考。

宋·王　祐公，字景叔，三槐堂為藏書室，河北大名府莘人。宋初知潞州，尋代符彥卿鎮大名，以百口明彥卿無罪，世謂祐有陰德。嘗手植三槐於庭，曰「吾子孫必有為三公者」，後次子旦位宰相，天下謂之「三槐」王氏。宋太宗謂祐文章清節兼著，特拜兵部侍郎，尋卒，積勛封晉國公。由於手植三槐於庭，捐館後，子孫建立祠堂，以奉祀之。其祠名曰：「三槐堂」，是為"三槐堂"王氏之始祖者也。

宋·王居正（1087～1151），字剛中，族人稱：悅公，舉進士第二甲龍圖，官封文華閣大學士兼樞密察，贈太師，參預國務決策。力主抗金拒和，屢被秦檜陷害，出知饒州、吉州，尋奪職奉祠，檜死，復故職。於宋高宗紹興二十一年（1151），奉詔來粵交付監察御史安置。同歲（辛未）二月，攜夫人李氏，暨二子：王斗魁、王斗糾，渡海入瓊述職，三月卒於官，葬瓊山縣府城東南譚社村邊。追封為文義公，誥封李氏為開國夫人。

　　案：王居正氏，乃三槐堂：王祐、王旦之後，亦係海南王姓入瓊之始祖，後裔分布海南各縣市。世代蕃衍，相承相傳，科甲迭起，代有賢人。

元·王曰琪公，原籍：福建興化軍（府）莆田縣。於元仁宗延祐年（1314～1319）間，賜進士出身，敕授奉直大夫，任萬州知州。夫人：林氏，敕贈五品宜人。於是顯示，吾宗先祖係以仕宦來瓊（今名：海南省），遂籍瓊郡，卜居郡城北門，是乃吾宗自閩渡瓊之太始祖也。

　　王曰琪公之後嗣，觀泰、觀保、觀禮兄弟三人。於明初洪武年（1368～1398）間，自瓊郡城，遷居會同。觀禮公肇基橋頭第里苦竹山，是為吾宗入會之始祖（入會第一代）也。於舊里及樂邑之南面、社壇、大香寮，各有立祠奉祀焉。溯自禮公以降閱四代，而祥公仍居會邑橋頭等處，兆公則遷樂邑官僚南面，派分社壇等處。迨十三代孫釋臣公長嗣汝賓公，遷移大香寮（亦稱：大寮，今隸：陽江鎮大良村），是為大香寮肇基始祖也。

　　民國三十九年（1950）庚寅歲五月間，海南易幟，吾瓊鄉親，隨軍轉進來臺，散居各縣市，從事各行業，胼手胝腳，含辛茹苦，歷盡艱難，奮發圖強，於今略有其成，亦足堪告慰矣。而海南王曰琪公系，遷臺宗親，分布花蓮、高雄、桃園、臺北等縣市，計有八支（家），誠見〈卷之末〉遷臺宗系。

　　綜窺海南王曰琪公次支長房宗系，緣自元仁宗延祐年（1314～1319）間，曰琪公賜進士出身，銜命渡瓊，任萬州知州，遂籍瓊郡，卜居郡城北門（入瓊之始祖）肇始，於今相傳二十四代，歷時六百九十餘載。於〈卷之末〉（吾支直系）所列舉者，除遷臺之二代外，是乃吾支直系之先祖也。餘詳系譜，恕不贅言，以免重複矣。

　　民國七十六年（1987）丁卯歲十月十五日，內政部宣布大陸探親政策，引發老兵返鄉探親熱潮，橋頭大宗正英（譜名：運濃）叔，未幾亦被時興感染，激動懷鄉思親的情愫，決然攜眷返鄉探親、掃墓、祭祖。並帶回吾宗《王

曰琪公世系錄》（一九八三年續修本），線裝十五冊，亦給予影印本（裝訂十五冊）乙部查考。

余在民國八十六年（1997）丁丑歲八月一日，奉准屆齡退休後，完全解除公務性的壓力，"隨心所欲"，做自己想要做的事，遂"精心專力"，從事「海南史志」研究，雖非大有所獲，惟亦差強人意。先後譔著「海南方志」、「海南文物」、「瓊人藝事」等相關專文，大都在報章雜誌發表（國家圖書館「中華民國期刊論文索引影像系統」可供查尋），亟待結集出版外，於近數年來，而陸續脫稿的專著，誠如《走向世界　全盤西化：陳序經》（國立中央圖書館臺灣分館，民國九十五年八月初版）、《海瑞：明廉吏　海青天》、《丘濬：神童　賢輔　宗師》、《廣東八大鄉賢綜傳》、《南海諸島史料綜錄》諸書，亦將相繼刊行。

今（己丑）歲入春之際，小女珮琪（譜名：家嵐）突云：「老爸！您終年忙忙碌碌，樂書不倦，令人感佩。然多為人作嫁，能否為吾家作一宗譜？」其云似有怨尤，誠亦殊深期待，乃是書成稿的機緣與推動力者也。

於今，書《海南王曰琪公次支系譜》成，寓意史學的理念，旨在顯彰先祖懿德幽光，藉以激勵後嗣見賢思齊。其書主要內容，除緣言（遺緒）與結語（緒餘）外，計分：王氏源流（姓考、世系）、王氏先賢（列傳）、王曰琪次支長房系（官僚、南面廣公系、陽江釋臣公系）、汝賓公直系宗譜（大香寮，俗稱：大寮，今隸：陽江鎮大良

村）四大部分，深入分析研究，並附「注釋」及「參考文獻」，以明資料出處，期供方家查考。

　　小女心願，終於達成。書將梓刊，殊贅數言，弁諸卷端。深祈「血脈相連，世代傳承，子秀孫賢，輩出英豪。」於是乎哉！一生辛勞，勤奮耕讀，誠堪告慰，吾願足矣。

　　　　中華民國九十八年（2009）己丑歲八月三十日

　　王會均　拜書於臺北市「海南文獻史料研究室」

卷之首　遺　緒

　　吾王氏先祖列宗之餘緒，有遺志之囑、遺德之傳、遺訓之勉、遺規之勸者，多莫勝舉，特分誌其要如次，以示不敢惑忘也。

一、三槐堂銘 并敘　　　　　宋·蘇　軾

　　天可必乎？賢者不必貴，仁者不必壽。天不可必乎？仁者必有後。二者將安取哀哉？吾聞之申包胥曰：「人眾者勝天，天定亦能勝人。」世之論天者，皆不待其定而求之，故以天為茫茫。善者以怠，惡者以肆。盜蹠之壽，孔顏之厄，此皆天之未定者也。松柏生於山林，其始也，困于蓬蒿，厄於牛羊，而其終也。貫四時、閱千歲，而不改者，其天定也。善惡之報，至於子孫，而其定也久矣。吾以所見所聞所傳聞考之，而其可必也審矣。

　　國之將興，必有世德之臣，厚施而不食其報，然後其子孫，能與守文太平之主，共天下之福。故兵部侍郎晉國王公，顯於漢周之際，歷事太祖太宗，文武忠孝，天下望以為相，而公卒以直道，不容於時。蓋嘗手植三槐於庭，曰：「吾子孫必有為三公者」。已而其子魏國文

正公，相真宗皇帝於景德、祥符之間，朝廷清明，天下無事之時，享其福祿榮名者十有八年。

今夫寓物於人，明日而取之，有得有否。而晉公修德於身，責報於天，取必於數十年之後，如持左券，交手相付，吾是以知天之果可必也。吾不及見魏公，而見其子懿敏公，以直諫事仁宗皇帝，出入侍從，將帥三十餘年，位不滿其德，天將復興王氏也歟？何其子孫之多賢也！

世有以晉公比李栖筠者，其雄才直氣，真不相上下。而栖筠之子吉甫，其孫德裕，功名富貴，略與王氏等，而忠信仁厚，不及魏公父子。由此觀之，王氏之福，蓋未艾也。懿敏公之子鞏，與吾游，好德而文，以世其家，吾是以錄之。銘曰：

> 嗚呼休哉！魏公之業，與槐俱萌。封植之勤，
> 必世乃成。既相真宗，四方砥平。歸視其家，
> 槐陰滿庭。吾儕小人，朝不及夕。相時射利，
> 皇恤厥德。庶幾僥倖，不種而獲。不有君子，
> 其何能國！王城之東，晉公所廬。鬱鬱三槐，
> 惟德之符。嗚呼休哉！（清《四庫全書》本）

王　祜公，手植三槐於庭。捐館後，子孫建立祠堂，以奉祀之。其祠名，曰「三槐堂」，天下謂之三槐王氏。

王　祜公，官拜兵部侍郎，積勛封晉國公。其世系，以表示之如次，以供方家查考。

三槐堂王氏世系表

一 世	二 世	三 世	四 世	五 世	六 世

　　王居正氏，乃「三槐堂」：王祜、王旦之後，亦係海南王姓過瓊始祖，後裔分布海南各地。世代蕃衍，相承相傳，科甲迭起，代有賢人（王俞春《歷代過瓊公傳》頁二二〇～二二二）。

二、王氏族譜原序　　　　　清·王維陞

　　粵稽王氏，厥初姬姓之苗裔也。文王第三子畢公為周保釐，中葉稍微，至畢萬公為晉大夫，有功封魏，後改為梁，其子孫未胄稱王，而王氏以開，如山西太原郡，實其舊封焉。

　　我

鼻祖自太原渡江左，至晉·右軍公諱羲之，為浙江永嘉太

守，終於紹興之會稽縣，厥後由浙宦閩，僑寓興化之莆田縣。歷傳至元仁宗延祐（公元 1314～1320）賜進士諱曰琪公，簡命渡瓊任萬州知州，遂居瓊郡北門。其后嗣迨明初洪武（公元 1368～1398）年間，兄弟三人入會，長諱觀泰、次諱觀保、三諱觀禮，皆受封爵，而生為人英，沒為神靈者。泰公廟食樂之白石、上大等處，保公廟食樂之下小、下大等處，禮公肇基橋頭第里苦竹山，即吾族入會之始祖也。舊里及樂之莫七等處，各立廟祀焉。

夫自渡江以迄入瓊，世何其久也。自右軍以及　禮公入會，何其盛也。吾意欲盡迫之，而勢有所不能，吾意欲獨修焉，而情有所不已。故謹溯其前，俾得傳於後，自琪公入瓊以及禮公入會，其間字號功名不無可考，而聞見未真，仍遵史闕。

禮公以下閱四代，而　兆公遷於官僚、南面，派分社壇。迄今住橋頭者，支派頗蕃，而世代昭穆，可得而詳焉。謹登諸譜，以誌不朽。

　　　　順治十五年仲秋月　　十二代孫維陞謹書

王羲之（321～379），曠子、導姪、字逸少，晉·瑯琊（山東）臨沂人。仕為右軍將軍，會稽內史，永嘉太守，世稱：王右軍。臨池學書，池水盡墨，善草隸，而真書為古今之冠，其最為〈蘭亭序〉、〈樂毅論〉、〈黃庭經〉也。卒，年五十有九（楊家駱《歷代人物年里通譜》頁五一，作：七十七）。

　　唐・房玄齡《晉書》（卷八○），臧勵龢《中國人名
大辭典》（頁一五四・二）、文史哲《中國美術家人名
辭典》（頁一三九・一～三），有傳或事略。

　　晉・王右軍公，諱：羲之，字逸少，以王右軍著名於
史。其世系，以表示之如次，以供方家查考。

王羲之世系表

曾　祖　先　祖　先　君　一　世　二　世　三　世

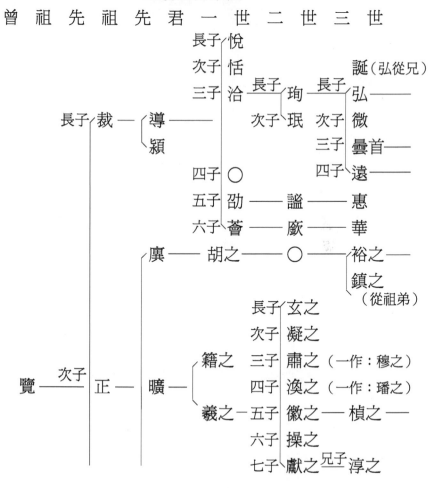

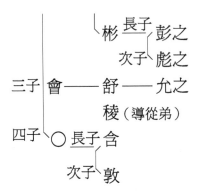

彬　長子　彭之
　　　次子　彪之

三子　會——舒——允之
　　　稜（導從弟）

四子　○　長子　含
　　　　　次子　敦

四　世　五　世　六　世　七　世　八　世

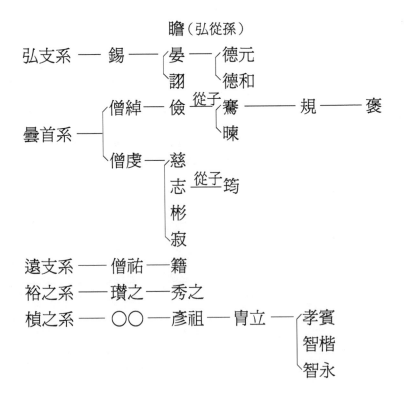

瞻（弘從孫）

弘支系　——　錫　——　晏　——　德元
　　　　　　　　　　　詡　　　　德和

曇首系　——　僧綽——儉　從子　騫　——　規　——　褒
　　　　　　　　　　　　　　　暕

　　　　　僧虔——慈
　　　　　　　　　志　從子　筠
　　　　　　　　　彬
　　　　　　　　　寂

遠支系　——　僧祐——籍

裕之系　——　瓚之——秀之

楨之系　——　○○——彥祖——冑立——孝賓
　　　　　　　　　　　　　　　　　智楷
　　　　　　　　　　　　　　　　　智永

三、王氏族譜告竣序　十二代孫維陛拜撰

戊子之冬月，在季節當是時也。五行悉獻精華，四序已周編紀，凡物類之與時以偕臧者，皆得菁華。其內斂用是以思，吾族修譜之事，因前屢合屢分，俱由　太祖之廟未制，至今作廟奕奕欲為之，聯二支以合修，上紹往下開來，不致有蓬飛星零之嘆。而鳩工龐村，誠於當年孟夏之初，齊集其堂分司厥任，而積日成月，積歲成年，其制作亦為日新月異，而月隨年序以告成。一時爰議，印譜三十部。

案：戊子，係明永曆二年（1648），亦係清順治五年。

夫原譜之取載，舉祖宗之實錄，序世代之源流，脈脈相關，所繫靡淺，必擇其人，方許掌理，防蟲蝕、避穢污、杜潛滋、善襲什，方可傳大備於久遠。執其譜者，敢不敬哉。

至於先世祖訓，往哲規條，歷代墓誌、譜序、祠記，備詳綱目於左，以為便覽。庶幾后之視今，亦猶今之視昔，綿四傑之家風，堂前燕喜，大三槐之世胄，華表鶴歸，豈不懿歟！

　清順治十五年（1658）歲次戊戌創修譜系名字如次
主修　修職佐郎推任儒學訓導歲貢生十二代孫維陛拜撰
　清乾隆五十二年（1787）丁未歲續修譜系名字如次
主修　庠　生　開東
纂修　增貢生　茂楷　　登仕郎　茂椿　茂楠　鼎禔

　　　　清嘉慶十三年（1808）歲次戊辰合修譜系名字如次

主修　敕授儒林郎就職分州推任儒學教諭拔貢生

　　　　　　　　　　　　　　十八代孫紹烈拜撰

纂修　茂彬

　　　　清咸豐八年（1858）歲次戊午重修刊譜名字如次

主修　增貢生　大爵

纂修　增貢生　國墠　　庠　生　國冕

　　　　清光緒十四年（1888）戊子歲合族修譜名錄

主修　十九世孫監　生　獻琮　命男稟　生　乃濬

監修　十九世孫邑庠生　建升

纂修　十九世孫增貢生　乃昌

　　　十九世孫邑庠生　錫昌

　　　二十一世孫府庠生　開鼎

　　　二十一世孫邑庠生　開掄

　　　　民國六年（1917）歲次丁巳合族續修譜名錄

主修　二十世孫歲貢生　乃濬

監修　十九世孫附貢生　國霖

　　　二十世孫稟貢生　天澤

　　　十九世孫增貢生　乃昌

　　　二十世孫增貢生　乃德

纂修　二十一世孫前清增貢生　啟養

　　　二十一世孫前清附　生　開圻

　　　二十世孫前清奏准給以府知事銜　朝馥

　　　二十世孫國學生　朝翰

民國三十七年（1948）歲次戊子合族續修譜名錄

主修　二十一世孫　開政　陸軍步兵中校

監修　二十一世孫　開藩　國民大會代表

　　　二十一世孫　啟安　國立雲南大學　法學士

　　　二十一世孫　啟鵬　國立中山大學　理學士

　　　二十一世孫　啟養　前清增貢生欽加五品銜教諭

　　　二十二世孫　運浩　國立北平大學畢業

纂修　二十世孫　　朝楹　廣東省立第十三中學畢業

　　　二十世孫　　朝甫　樂會縣立中學畢業

　　　二十一世孫　開茂　私立廣東省光華醫學深造班

　　　二十一世孫　開東　廣東省立第十三中學畢業

　　　二十一世孫　啟澤　樂會縣立師範學校畢業

編修　二十世孫　　朝澤　華美中學肄業

　　　二十一世孫　開岳　廣東省立瓊崖中學高中畢業

　　　二十二世孫　運日　瓊東縣立中學畢業

　　　二十二世孫　運和　塾師生

一九八三年歲次癸亥重建宗祠暨續修族譜名列：

發起人　橋頭：開壯　開泰　運洲

　　　　南面：啟安　啟雲　社壇：啟佳

籌備委員會　主任　橋頭：會廉

　　　　　副主任　仙合：開岳　社壇：啟佳

　　　　　　　　　古調：啟雲　橋頭：運洲

主編　二十一世孫　啟安　國立雲南大學（法學士）

　　　　　　　　　　　　中學和廣東教育學院教師

監編　二十二世孫　運恒　華南師範學院畢業中學教師
　　　二十二世孫　運梓　華南農學院韶關分院畢業
　　　　　　　　　　　　樂東縣局長
　　　二十二世孫　運才　天津師範大學畢業中學教師
　　　二十二世孫　運秀　北京礦業學院畢業
　　　　　　　　　　　　鈦礦工程師
　　　二十三世孫　會中　國立武漢醫學院肄業
纂編　二十世孫　　朝商　嘉積中學高中畢業
　　　二十一世孫　開岳　廣東省立瓊崖中學高中畢業
　　　二十一世孫　啟蔭　廣東省立第十三中學高中畢
　　　二十一世孫　開壯　瓊東縣立簡易師範學校畢業
　　　二十二世孫　運洲　瓊崖行政幹部訓練班畢業

四、譜牒凡例

一自知州千戶　公以上，庚序中已稽考昭晰，今於實錄
　中，確自知州　公渡瓊之祖為太始祖，千戶　公入會
　之祖為始祖，起紀實也。

一自祥公　兆公以下，祥公居橋頭，兆公遷居官僚、南
　面。凡　祥公所出之派，則書曰第幾代第幾房，至以
　自橋頭分者，其里居俱於本名實錄中書之，若有他出
　無歸者，則書 "無稽" 二字，以便後考。

一先祖諱字、行號，以譜載為據，子孫不得犯祖宗之
　諱，卑少不得同長老之名，修時會覈明確。凡有同者
　必改焉，或二字改一字亦可。

一族中有忠孝節烈者，旌表載之邑乘，家乘不別作志
傳，只於實錄中著之。至於未入邑乘，而德行義舉及
貞節之確有可嘉者，亦必書之以示勸。其書法以四字
為例，至原譜有多至數字者仍之。

一本人生前，但書爵名、里居、字庚、生配有懿行，俟
身後書之。

一其人數娶皆有子，則詳書其子。而於某子名下，必書
其所出，以別嫡庶。

一凡繼娶、庶娶，必有媒妁主婚，則所生與嫡同，或買
妾納婢，必娶配分明，生子方許繼煙。牒譜書以側
室，若係大宗，宗子仍歸次房之長。倘媒妁不通，苟
合奸生，不得繼煙，譜亦不錄。

一族正、族長，首重有齒有德，尤貴多識多才，必平日
有正身之法，處世有長者之風。至於臨事秉正不阿，
庶族中有所矜式。

一宗子上奉祖宗，下領通族。故詩曰：宗子維城，凡族
訓家規，不可少有差忒，若爽厥德者忝厥祖，當遵橫
渠。張夫子之說，擇賢者漸理，俟異日改過復之，庶
不致先靈不享也。

一族譜書所以明族姓源流，當三十年一修，百年一大
修，五世一翻刻，秉筆必須公正，輯錄必推賢能，方
為無弊，至期切毋推諉怠慢，以致失墜無稽。

一娶婦非外祖父成名，不注某之女。嫁女非翁婿成名
者，不注適某。

一禮不娶同姓，男女同姓，其生不蕃，所當遵也。族中如娶同姓，已娶者詣祠責罰，故娶於後者不准錄譜。

一歷世支派無考者，於某名下注未詳，無嗣者注乏嗣，以防冒亂宗支。

一譜中出繼者書繼子，兼理者父名下書男子，兼理名下書祀子。

一族中名派，以前多有混亂，自國字以下，以「國朝開運會，家庭大光新，可以昌宗子，慶歷萬斯年」二十字，按字開畢方再續，不得亂派以混次序。

一有頂帶功名，屆祭期無大故大病，而不衣冠行禮者，以悖祖論。

五、繼條便覽

一殤亡：禮十六至十九歲為長殤，十二歲至十五歲為中殤，八歲至十一歲為下殤，為不服之殤，若娶妻則不為殤。

有考無妣不必繼後，若初聘未娶，其婦登門守義則立承。又獨父生獨子，子少故時，無繼父之人。其有繼子之人，父為子立繼，承子即以承父也。聽之，若應繼之人係獨子，照一子兩祀。又子雖幼而亡於兵戰者，亦應立繼。

一長兄無子，弟惟一子，則以其子承兄，弟待再生。若弟無再生，則一子兩祀，兄名下書繼子，弟名下書生子。至其子生子，長承長，次承次，如生三子，生派

得二，繼派得一。若又只一子則又候下代，若長兄死
而弟未娶，則以弟承父並承兄，不可諉之他人。

一繼無候例者謂親同，不得執長幼之序而候也。如長兄
無子，弟未有子或只一子，三弟有二子，應即立承。
若親疏有別，不得以疏間親。

一獨子出繼，惟於長兄則宜，餘俱不應。如當下二子，
一子出繼，在家者未成親而亡，所繼之母不願其子
回，則照一子兩祀，待至其孫，長承長，次承次。若
繼母願其子回，另立應繼之人，仍於繼業中三分，撥
一以補披執之勞，繼母死亦當守制期年，以報撫養之
恩。

一立嗣之後，繼父母親生其子，產業除祭產外，與立子
均分，若還祀生父母者酌分。

一死後無立繼，須在生前按次推承。若父亡母存，亦應
於同視中，聽其立賢立德。

一前世絕嗣時無推承，後不得告推，或有產業應送入
祠，祔食本祠，眾拜掃墳塋。

一無子，養兄弟子為子，不得捨去。若所養父母後有
子，生父母無子，欲還者聽其自還。

一抱養異姓人子，不得承嗣，亂我宗支。亦不得以子與
人為嗣，亂人宗派。若以子與人為嗣，死後復族，不
得主大宗。

一養異姓人子為嗣，即欲復族，不得帶產歸宗，若自身
已創置，又當別論。

一立兄弟子為嗣，先儘同父同親，次及功服緦麻。若俱無子，方許遠房及同姓中擇立之，亦須尊卑得序。

一無子立繼，繼子與所後之親不睦，聽其另立。然必繼子果有不肖方可，設有謀繼唆拴者，族正等確查理處。即至另立，須擇應繼之人，原立子亦應酌撥產業以補前勞。

一人既應繼昭穆相當，不必以前嫌是介，若有未化，聽擇立賢立愛，亦要合序。

一出繼無回繼者如三兄弟，次弟出繼、兄長絕、宜三弟之子承，而次弟之子不得回爭。若三弟無子可推，仍以出繼之弟回承，以血脈親於各人也。

一繼不再繼，其說有二，一云：我過繼而繼房中復有絕者，乃於繼房中推承，過繼者不得執序與爭。若繼房無子，則以過繼之子承之，不得另推過房以承本房，繼即本房人也。一云：已絕而繼又絕，是應絕也。產業歸祠祔食，不必再繼，若其人存，日立繼者聽之。

一繼立親、立愛、立賢以親為主，親等則立賢，愛等則立賢，若親不等而謀拴立愛立賢是亂宗支，若立愛立賢昭穆相當，不得執次與爭。

一孤子不出繼，此以並其親者言，若親疎有分不得以疎間親。又以其父已殁只有一子別無兄弟者，故不容出繼使父無後。若雖自少失父，然有胞兄繼父，值伯叔乏嗣來聘入繼，兄以禮法遣之，何不可哉。

一承繼立繼，其說有五：承有現承候承，立有立親立愛

立賢，蓋承者承於繼父殁后也。宜現承者雖無產業不得藉口於候，宜候承者雖有產業不得藉口於現。立則於繼父未亡之日，立親無可議矣。而立賢立愛，後來間有口實，然揆之禮法，當依所立。

一庶出之子不得承長，如人三兄弟，長無子、次生二子係庶出，三子二子係嫡生，宜以三弟長子祀長兄，庶出之子不得與爭，蓋以嫡承嫡也。若三弟只一子、次弟庶生二子許其繼後。

一承繼應立嫡子，若候繼者其嫡妻五十無子，則宜立庶，長子不得違法。

一收養異姓遺棄小兒三歲以上者，聽從其姓，但不得以無子而立嗣。

一繼產微薄，生父母有以家產分與繼子者，而繼產厚未有與同父兄弟均者，繼子葬完繼父母後，繼產宜酌分與同父兄弟。如繼子不願，須將繼產抽入祖。或為祭產為學田，與同父兄弟後共之，以聯氣誼。

一無男有女，多欲將家產撥與女婿，但產業果係本身創置，看婿何如酌量三分，撥一以厚愛女之心，若祖業不得擅與。

一本身無子，有將家產撥入寺觀者，然家業雖厚係祖宗遺庇，立繼產餘酌撥歸祠，與祖祔食或立為族學田，勒碑垂後，若撥入寺觀無益。

（說　明）

綜從〈繼條便覽〉窺之，在社會的封建制度下，家族繼承規範深受影響。於今社會傳統文化，殊受西方物質文明衝擊，是以文化急遽轉型演進。於是乎，社會規範，時過境遷，大都不合時宜焉。

依《民法》〈繼承編〉規定，不僅「婚生子女」同有「繼承權」，而且「非婚生子女」亦具有「繼承權」，甚至於「領養子女」（完成領養的法律程序）更不得排除其「繼承權」。又〈親屬編〉（一○五九條）規定，「婚生子女」可從「母姓」，亦不得排除其「繼承權」矣。

中國現行婚姻制度，實施「一胎制」，若係「女性」，抑係多胎無「男丁」，豈能不得「繼承」乎！

六、家　規

聞之，國有法，家有規。法者懲失禮於已然，規者防失禮於未然也。家規既遵，斯無失禮，自無犯法，而家即為良家矣。緣是附著：

鄉村風俗

賢者轉移風俗，不賢者風俗轉移。里名勝母子輿，不入邑號朝歌，墨翟回車誠哉，互鄉之難言允矣，仁里之為美也。思欲移風易俗，理宜革薄從忠，士農工商習業毋亡本務，禮義廉恥為人要重天良，兄弟叔姪要怡怡，姑媳娌妯宜穆穆，緩急同心同力，有無相濟相周，恤寡憐孤隱惡成美，內外男女須別，是非曲直毋爭，兄弟鬩齬罔取婦女參口，親朋聚會寧假賭博為欣，稱呼莫帶乳名，戲謔勿加

惡號。

父　兄

父兄即是先生，兼有教養之責。子弟猶云璞玉，還須雕琢之功。長家先要勤儉，行己次遵禮法。小子雖云有造，猶須教以義方，愛之即勿辭勞，亦當區而有別。責效毋容太急，期許不必過奢，勿以年稚而寬，少成乃若天性，毋因質魯而廢，習慣使成自然。

子　弟

父在斯為子，兄在斯為弟，乃為至樂之時。生我者有父，長我者有兄，豈是安閒之日。出入須當稟命，取與毋得主張，材即優哉要為安我，子弟位雖高也，豈可加於父兄。坐立勿正中堂，出入宜由門右，問必起而對，召宜趨以承，在醜夷不爭，見父惟命行，止必須端重，語貴要樸誠。總須閑厥幼儀，乃可進夫大學。

夫　婦

閨門為王化之基，夫婦實人倫之始。以其體則敵一天而一地也，以其用則殊一陰而一陽也。夫為妻綱，修身端型於之化，婦隨夫唱，敬戒毋夫子之違。反目固為非常，比昵亦豈是福，七出之條不可犯，一終之義須當遵。

子　婦

子婦翁姑，乃迭更之位。孝順忤逆，實不變之種。投贈在高堂，報復從膝下。欲全子道，須順親心嗜好，猶童兒事事宜請。所欲衣食，殊時日常常，莫待其求。出入必謹扶持，應對宜怡聲色。父母鰥寡尤宜體貼留心，子婦眾

多更要殷勤竭力，侍病必加懇切，諫過宜積真誠。

兄　弟

朋友至篤不過如弟如兄，夫婦雖親究非同母同父。孟子以無敵為樂，司馬因獨無用憂。把酒言欣開口皆為知己，臨難號救搖頭盡是他人。誰為原隰之求自兄及弟，那擬金玉之固惟季與昆。論教怡怡，詩美戚戚。因田產而疏薄天性不存，聽婦言而仇讐良心安在。

父母翁姑

既為父母宜經閱歷之多，長有子兒應得均平之道，用愛不可溺，溺愛長兒子之驕，分財不必私，私財生兄弟之恨，父母宜公。慈愛翁姑須學愚聾，拎縭新施規矩安能，純熟家庭舊範，教誨須從寬柔，不可重富而輕貧，毋得欺愚而信智。

婚　姻

匹配乃生民之物，婚姻實禮義之先，夷虜道在論財，君子貴知擇德，高嫁低娶俗言實合。禮云：揣己擇人，慎始方免後患，長大方知賢否，幼少莫定婚姻，妝奩之費毋勉強，媒妁之言難盡信。

族　正

合族同尊應是有齒有德，群紛待解尤須多識多材。步趨須合程規，處涉無治指摘。理為禮、情為用俱要兼全，剛以斷、柔以和總須相濟，勿執一偏之見，毋持兩可之言，必須合族於和平，乃昭一身之公道。

規　訓

　　嘗讀韓范楊胡諸君子家訓，而不禁慨然於吾族也。吾族　始祖以萬州知州肇基，閱十數代以來，詩書繼世、忠厚傳家，故其間明經奕奕，衣冠濟濟，承先啟後，代不乏人，苟非祖宗積累久遠，安能綿綿延延以至斯乎。迄今支派更蕃家學不振，或拱貲私計不雇宗親，或挾詐滋奸有乖骨肉，或勢利相傾視詩書為閑事，或匪徒廣聚等手足於路人，或好賭貪嚼產傾而碑主漂撓，或恃爛罔躬行敗而妻兒忍辱，失德種種貽禍般般，此皆吾宗支所目擊而心傷者也。爰著其家訓勒為成規，俾父兄先而教之，子弟謹而率之，則門閭其有慶乎！

　　敬書訓戒如下，計開以下「規訓」共十一條。

一百善孝居先，此　閻羅王殿前鐵案也。孝行一失百善皆虛，或荒流放蕩白首無依，飾妻擁兒高堂嘆氣，以及事無大小涉於忤逆者，輕者重責，重者攻而絕之。其有拋棺慢祭，悖祖忘宗者，亦不孝論。

一萬惡淫為首，亦　閻羅王殿前鐵案也。凡有淫行俱犯冥詠，至干倫紀律猶倍倍，凡我族類有蹈禽獸之行者除名，妻女有失德者如之，或內外出入稍有嫌疑者重責。

一毆辱尊長論服制，親疏分別當祠責戒，甚有動手兇傷者除名。

一光門在於詩書，如有父兄戀於小利，視子弟以牛羊，子弟貪於嬉遊，欺師長而魎魅，此門風所以下也，尚勉。

一嫖賭飲三字，乃古今破家伐命之局，為子弟者或席先世豐盛，恃自己強壯，花酒賭博無所不至，及囊傾產盡其敗行辱身，亦無所不至也。甚有不恥之徒窩賭聚飲，陽襲父兄之名，陰誘子弟於匪徒，實傷風化之尤者，俱重責。

一國以無訟為美，家以既翁為興，倘有爭佔鬪毆等情，必鳴族詣祠公論理處。若未經族論擅自控告者，必屈於理而挫於詞也重責，稟下廳者如之。

一卑小固當盡分，尊長亦要循理。或恃其長老以凌子姪，與依其強眾以暴弱寡者責。

一生人當習其本業，游手不容於盛世。浪蕩為非者重責，至有充走衙役者除名。

一牝雞無晨，有聽信婦言以殘傷骨肉者，及愚鈍無恥之徒以妻女為才幹，與兄弟有口角任其出頭爭論者，其父與夫皆重責，子不能幾諫其母者如之。

一婦人不遵法度習懶者責夫責子，無夫子者書懶婦。

一族中有犯家訓者，事無大小宜自知愧悔，詣祠受訓改非。倘有頑悍之徒，恃蠻逞兇不遵家法者，非吾族類也，攻而絕之俟其自改。

七、堂　記

夫「堂記」者，乃吾宗各支祠廟興建始末之紀事也。由於各支堂記殊多，特擇其與吾支系相關者，分別誌之如次，以示不敢惑忘也。

（一）、擬橋頭大宗同樂堂記

　　竊維　世德慶云礽鼎鼎紹東閩之業，宗功覃奕葉尊彝仰南宋之傳。我　始祖自元渡瓊，始居瓊郡北門，迨明初入會，長諱觀泰、次諱觀保、三諱觀禮，三公皆受封爵，歿為神靈，長次兩公廟食等處，前序有傳，而禮公乃合族之始祖也。

　　恭維入瓊　太始祖，賜進士出身，特授萬州知州，諱曰琪公，擅人倫之領袖，瑞靄江城；納文物於模型，欣騰鄠屋。暨入會　始祖，敕封錦衣衛千戶侯，諱觀禮公，奉丹書而抱鉞，東南之玉宇常清；建絳節以觀兵，吳越之金甌永固。籍會　始祖，敕封兵部督餉監軍主簿，諱珂盧公，胸蘊甲兵戍上之黃雲自靜，威振丙令斗閣之紫氣常明。再及後裔或則名登天府，或則榮震京華，或則黼黻以助王友，或則耕鑿而安職業，炳炳麟麟箕裘相紹，孰如我祖者乎。迺者世遠年湮，支分派別，千年華表，難忘雨露之恩；百世宗祧，彌切尊親之志。

　　溯自　禮公以下閱四代，而祥公仍居會邑橋頭等處，兆公遷樂邑官僚南面，派分社壇等處，由明初入會而後，距今四百餘年矣。其間分支各有祠宇，獨　始祖之祠未有合造，先人常以不能聯合為怗。值光緒辛巳（1881）年，族兄朝旭萃乙族之弟兄商量，稱願豫丁男以收繳孔方，惟均倘有所虧，旭同瓊爵公理造，周完分其協，首長與次支各須盡力。於是橋頭：闡烈、銘烈公，龍角：國棟、國

慶，石崇：冠冕，官僚園：贊孟，南面：其昌，社壇：乃
濬，大寮：國均，山堯：國仁，一時孝感頓忘方斲之。

維觀舉族心欣，更覺子來之勿亟，旭又薦出本房乏嗣
欽烈地基，下到田圮上到園止，以為造祠之所。舉出政成
叔亦盡心竭力以督理，其後所收不敷所造，而旭與瓊爵志
有在而力不及，爰與於宜穀堂兄弟，合願支出錢百餘千助
成造祠，以補前日不食言之意，此亦為祖宗之見，共成美
舉以得聯合兄弟而同樂，日後宜穀堂之兄弟子孫，斷無異
議者也。乃顏其祠曰：同樂堂，蓋謂分支兄弟而有獨樂，
不如合族而使　始祖亦同共樂也。

凡我宗盟默知，其意有惡者同為絕之，其有善者樂而
為之，猶草水木思深蒸，嘗式永祖廕靈，長宗祊赫奕嘉，
今日群處和集，士農工商食舊德而慶豐年，冀他時奕世純
熙，禮樂衣冠踵躋友而增令望，行見英賢接踵鳳麟，動太
史之星占，勛績傳芳彝鼎，勒皇朝之月吉，福祿攸同於代
代，和親康樂於家家，庶足以仰副
聖天子敦本尚親之至意也，豈不懿歟！

龍飛光緒十四年（1888）歲次戊子仲冬月吉日

二十代孫稟生　乃濬薰沐拜書

（二）、大宗同樂堂記

蓋見，夫木有根而枝葉茂，水有本而流派長，不可恍
然，於人之有祖而子孫始昌熾乎！當夫春露秋霜之際，誰
不悽愴怵惕動念，木本水源而惟此視無形聽無聲，冥冥之

中有何地，以表其誠而致其物，曾是祖之固有祠也。夫天子建宗廟以昭禘嘗之大義，士庶建祖廟以獻蒸嘗之微忱，祖廟之建自古為昭於今為烈者矣。

我族自發迹以來，各支各村創祠不一，還痛所自出之始，祖廟貌且屬無依，凡我同人興念及此，能不附膺而嘆，第念祖產無幾，甚難於發起提倡之人，前得吾先嚴諱瓊爵邀集，闔族協力按丁捐題共成祖廟之舉。一座三間左右兩廊拜亭特聳，度量經營擇其地曰：文峰永覘、文明大啟之象也。顏其名曰：同樂，依然同心協力以成也。且後依有黎嶺峰，因我祠而峻名與山齊，前向有長江水，為我祠而清人間汶潔，誠哉。

地靈則人傑矣，此語不我欺也。登斯堂者，皆曰我祠魏魏氣象，妥先靈亦足以壯觀瞻，凡我孫子莫不欣欣，曾亦知當年之發起提倡者，不知幾費焦勞矣。雖創祠以昭如在，原屬子孫之分所宜然，然有勞而悉泯，吾恐難勤於後人也。故當譜牒續修鳩工造成之日，會意闔族聊書祠堂記于巔末云。

　　民國六年（1917）歲次丁巳仲秋月吉日
　　　　前清候委儒學　十九世孫國霖謹記

（三）、南面大宗式穀堂記

春秋傳曰：世室屋壞，書不共也。夫有廟而不能修之，猶著不共之罪，況未有廟而不能立乎！

厥初旦臣同汝賓、汝華，爰集宗親共襄美舉，捐貲得

若干兩，遂卜吉於南面園，向後拔堯重修，有挺有閑不二月告成，因名其堂曰：式穀。

詩所謂教誨爾子，式穀似之者。蓋言君子以善教子，使之似己，為父兄者，尚其納身於善，而後能以善教其子，庶不愧為"式穀堂"中人也，爰搦管以記之。

道光二十七年（1847）丁未歲仲夏月之上浣

十八世孫庠生　贊文謹書

（四）、官僚園長支興保公宗周堂記

蓋莫為之前，雖美弗彰，莫為之後，雖盛弗傳。溯維保公乃經德公之次子，即觀禮公之十二代孫也。

自禮公而溯源思之，昔文王三子畢公為周保釐，至今歷數傳矣。其功烈世裔之垂於史策者，固有昭昭可考。

洎我保公守先人之德業，創不世之勛猷，其終雖以兄之次子為其子，其後亦繩繩蟄蟄，瓜瓞綿綿，葛藟庇蔭，此猶周家之誌盛歟，故名其堂曰：宗周。

蓋以祖之祖而宗於周可，以祖之孫而宗於周亦可，更以卜年卜世之子孫而宗周無不可。

光緒十四年（1888）戊子歲仲冬月之既望

十九世孫監生　國均謹識

（五）、大香寮長支小宗書香堂記

聞之，有百世不遷之宗，有五世則遷之宗。百世不遷者，大宗也。五世則遷者，小宗也。

小宗之主，其有功德於後者，則亦不遷。故書曰：「七世之廟，可以觀德。」是以世琮等晚年子立之候，穆然有戴德不忝之想，自薦進地基歸　祖。

爰邀長支宗子諸孫，同心協力，共成美舉。遂捐貲庇工卜築於大香寮，因即其地以名之，曰：書香堂。

凡我後嗣，有敬宗睦族，誨子訓孫，俾宗親咸為世世誦讀，書香大振則庶乎，是為記。

十八世孫　贊永謹識

（六）、大香寮重修書香堂記

廣公乃禮公之五代孫，即兆公之長男，為南面長支之始祖也。世居官僚，生存三男，其後子孫蕃衍熾昌，為士為農工商，各安其業，而且英豪迭出，文武遞傳，此亦公之遺澤孔長者矣。

當十四代奭臣公之長子汝賓，則移居大香寮，次子汝華則移居山香寮，其地有崇山峻嶺，虎踞龍蟠，生於斯者且繁且庶，聚於斯者有友有為。

泊賓之養子世琮等晚年子立，穆然攄懷祖之鑿清，發造祠之至意，自進地基，邀長支眾孫捐貲，庇工肯構肯堂，雖不如樹中天之華闕，豐冠山之朱堂，思環材而究奇，抗應龍之虹梁，列棼撩以布翼，荷棟桴而高驤，而四圍周密上下悠揚，亦足慰先靈而起書香，因其地而顏之曰：書香堂，此誠望同地久天長者也。

奈年間黎匪屢侵，眾被匪驅，祠被火燒，眾孫不忍煙

沒，復仍舊址而重新，既足為先祖式憑之區，亦足為春秋薦享之所。惟願功德著於祖宗，恩澤洽於奕葉，則祖垂卜世之勛，家承百年之業，士食舊德之名氏，農服先疇之畝畝，商循族世之所鬻，工用高會之規槃，傑乎隱隱，各得其所，詎不盛歟！

　　　　光緒十四年（1888）歲次戊子仲夏吉日
　　　　　　　　　二十世孫稟生　乃潯謹記

（七）、大香寮汝賓公孔昭堂記

　　卓哉賓公，居然我宗，配續氏二，嫡出男雙，知人則哲，命養世琮，名叨府學，續報宗功。而且和平處世，節儉持躬閱年，七八智識圓通，禮公後裔奭公，挺鍾豐其後世，昭融令終後孫，愛慕追報無從爾！

　　乃慕召伯之相宅卜，惟洛食效周公之初基地，繩則直感葁宏魏。敘之有造，是廓是極，度室以几，度堂以席，奢未及侈，儉不至嗇，紀宗存主，是享是式，以妥先靈，以昭令德，堂曰孔昭，昭其德音，昭其德色，登斯堂者，濟濟蹌蹌，俾爾壽臧，介爾繁祉，伸錫無疆。

　　耕者耕，讀者讀。勤耕成風俗，勤讀繼書香，人文蔚起，科甲顯揚，既咏盦斯之什，且頌鹿鳴之章，實我祖之所厚望，亦大以光耀於宗祊。

　　　　光緒十四年（1888）戊子歲仲冬月之既望
　　　　　　　　　十九世孫監生　國均謹識

卷之一　王氏源流

　　臺灣諺云「吃果子拜樹頭」，於是顯示，飲水思源，尋根探源，亦人之本者也。

　　王氏，世稱鉅族，源流久遠，出自黃帝，計有：姬姓之王、媯姓之王、子姓之王，皆天子之裔耶。

　　王氏，又有虜姓之王，亦有賜姓、冒姓者，或以爵號為姓氏，大抵子孫以王者之後，號曰：王氏。

一、王氏姓考

　　王氏，源自姬姓，望出太原、瑯琊。其族支衍多，所出不一。就其《姓氏考略》、《姓纂》、《通志氏族略》、《廣韻》，暨相關文獻史料，綜合臚著於次，以供宗親查考。

　　太原、瑯琊之王，周靈王（名：泄心）太子晉（字：子喬），以直諫被廢。其子宗敬（亦有作：宗恭）為司徒之後，居山西太原，時人號稱：王家。是乃王氏繫姓始祖，亦係太原系繫姓始祖焉。

　　晉（字：子喬）二十一代孫元公，因避秦亂，移居山東瑯琊，加稱：瑯琊系。

　　宋·王　祐，字景叔。三槐堂為藏書室名，河北大名

府莘人。宋初知潞州，尋代苻顏卿鎮大名，以百口明彥卿無罪，世謂祜有陰德。嘗手植三槐於庭，曰「吾子孫必有為三公者」，後次子旦位宰相，天下謂之三槐王氏。宋太宗謂祜文章清節兼著，特拜兵部侍郎，尋卒，積勛封晉國公（臧勵龢《中國人名大辭典》頁一一六·一）。

　　案：王祜氏，手植三槐於庭，捐館後，子孫建立祠堂，以奉祀之，其祠名曰：「三槐堂」。

京兆、河間之王，出周文王（昌）第十五子畢公高之後，其子畢萬封魏，後分晉為諸侯，至五假為秦所滅，子孫分散，時人號曰：王家。或言魏至昭王（彤）生無忌，封信陵君，信陵君生間憂，間憂生卑子，秦滅魏，卑子遷於泰山，漢高祖召為中涓，封蘭陵侯，時人以其王族，謂之「王家」。

此皆姬姓之王，天子之裔也。

　　案：姬者，本周室之姓，貴於眾國之女，即周女皆為姬姓，婦女美號，皆曰：姬。

出北海、陳留者，則謂舜之後也。其先齊田為秦所滅，齊人號曰：王家，是為媯姓之王也。

　　案：舜為庶人，堯妻之二女，居於媯汭，後因以為氏。

出於汲郡者，乃殷王子比干之後，此子姓之王也。

　　案：殷王子比干孫號王氏，唐玉宗（亦有作：康玉宗），隋末，改王氏（姓纂）。

出河南者，為可頻氏。出馮翊者，為鉗耳族。出營州者，本高麗。出安東者，本阿史布。是皆虜姓之王也。

有賜姓者，燕王丹之玄孫嘉，王莽時獻符命，賜姓：王氏。

有冒姓者，隋末，王世充本西域（今新疆）胡支氏，冒姓王。五代時王保義，即劉去非，冒姓王。

或以爵號為姓氏，大抵子孫以王者之後，號曰王氏。

王氏，宗族派系繁多，除有賜姓、冒姓者，或以爵號為姓氏之外，綜以表示之，分列如次，以供查考。

王氏 {
　黃帝子孫
　天子之裔 {
　　姬姓 {
　　　太原、瑯琊之王，太子晉之後。
　　　京兆、河間之王，畢公高之後。
　　}
　　嬀姓：北海、陳留之王，舜之後。
　　子姓：汲郡之王，殷王子比干之後。
　}
　虜姓之王
　非漢族裔 {
　　可頻氏：出自河南
　　鉗耳族：出自馮翊
　　高麗族：出自營州
　　阿史布：出自安東
　}
}

二、王姓郡望

王氏，郡望最多，據《廣韻》載，計有：二十一望，內以太原、瑯琊，最為顯著，分著於次，以供查考。①

太原郡：戰國時代，秦置，治所晉陽，於今山西省
　　　　太原市西南。

瑯琊郡：秦始皇置，治所在今山東諸城，相當於今
　　　　山東省東南部：諸城、臨沂、膠南一帶。

北海郡：漢景帝置，治所營陵，在今山東昌樂東
　　　　南，相當於今山東省濰坊地區。

陳留郡：秦始皇置陳留縣，漢代改置陳留郡，治所
　　　　在河南開封縣境內，相當於今河南省開封
　　　　地區。

東海郡：有二處。漢代置東海郡，治所在今山東省
　　　　郯城北一帶。
　　　　東魏及隋唐的東海郡，相當於今江蘇省東
　　　　海縣以東、淮水以北地區。

高平郡：西晉置，治所昌邑，在今山東省巨野縣南
　　　　一帶。

京兆郡：漢代，稱京師為京兆，治所長安，亦即首
　　　　都長安直轄區，在今陝西省西安市西北，
　　　　至華縣一帶。

天水郡：西漢置，治所平襄，在今甘肅通渭西北，
　　　　相當於今甘肅省天水、隴西以東地區。

東平郡：漢代置東平國，南朝宋改為郡，治所無
　　　　鹽，在今山東東平東，相當於今山東省東
　　　　平、泰安一帶。

新蔡郡：晉惠帝置，係從汝陰郡分出，在今河南省

新蔡縣一帶。

新野郡：古縣名，即今河南省新野縣。

山陽郡：漢代山陽郡，治所昌邑，在今山東金鄉西
　　　　北，相當於今山東省獨山湖周圍。
　　　　東晉山陽郡，在今江蘇省清江、浦安一
　　　　帶。

中山郡：漢高祖置，治所在今河北定縣，相當於今
　　　　河北省北部盧奴（今名：正定縣）一帶。

章武郡：西漢置縣，西晉至隋初置郡，治所在今河
　　　　北大城，即今河北省大城縣一帶。

東萊郡：西漢置，治所在今山東掖縣，即今山東省
　　　　掖縣及黃縣一帶。

河東郡：秦初置，治所安邑，在今山西夏縣西北，
　　　　相當於今山西省黃河以東，夏縣一帶。

金城郡：西漢置，治所在今甘肅蘭州市東，相當於
　　　　今甘肅省永靖縣及蘭州市一帶。

廣漢郡：西漢置，治所在今四川梓潼，相當於今四
　　　　川省梓潼縣及金堂縣一帶。

長沙郡：戰國時代，楚置，治所臨湘，即今湖南省
　　　　長沙市地區。

堂邑郡：春秋時代，名為堂邑，晉代置郡，治所在
　　　　今江蘇省六合縣北。

河南郡：漢高祖置，治所雒陽，在今河南省洛陽市
　　　　一帶。

此外，尚有出於河間、汲郡、馮翊、營州者，分別著述如次，以供方家查考。

河間郡：漢高祖置，治所樂城，在今河北獻縣東南，即今河北省中部河間縣一帶。

汲　郡：晉武帝泰始二年（266）丙戌置，治所在今河南汲縣西南，亦即今河南省汲縣一帶。

馮翊郡：漢武帝置左馮翊，三國魏改置馮翊郡，治所在今陝西省大荔縣。

營　州：北魏至隋代之營州，在今遼寧省朝陽縣。唐代及遼代的營州，在今河北省昌黎縣。

注①　陳明遠　江宋虎《中國姓氏辭典》頁四二九～四三〇

　　　王萬邦《姓氏詞典》頁六二八～六三七

二、王氏世系

黃帝，乃我國上古氏族太祖，納四妃，生二十五子。第四世孫是帝嚳，十九世孫周文王（昌）、二十世孫周武王（發）、四十一世孫周靈王（泄心）、四十二世孫晉（字子喬，本姬姓），是為太原王氏繫姓之始祖也。

（一）、黃帝世系表

一　世　二　世　三　世　四　世　五　世　六　世

　　　　　昌　意—顓　項—窮　極—敬　康

　　　　　　　　　　　　　　　　棄——不　窋—
　　　　　　　　　　　　　　　　（后稷）
黃　帝—玄　囂—矯　極—帝　嚳—契
　　　　　　　　　　　　　　　　帝　堯
　　　　龍　苗　　　　　　　　　帝　摯

七　世　八　世　九　世　十　世

——鞠——公　劑—慶　節—皇　樸——

十一世　十二世　十三世　十四世　十五世　十六世

—弗　差—毀　喻—公非非—高　圉—亞　圉—公叔祖—

十七世　十八世　十九世　二十世　二一世　二二世

—周太王　長子太伯
（古公亶父）次子虞仲
　　　　　三子季歷—周文王—周武王——謁———劍—
　　　　　　　　　（昌）　（發）

二三世　二四世　二五世　二六世　二七世　二八世

——瑕——滿—繁　扈—鞭
　　　　　　　　　　　辟方——燮———胡—

二九世　三十世　三一世　三二世　三三世　三四世

——靜——宮　涅—宜　臼—洩　父——林———佗—

三五世　三六世　三七世　三八世　三九世　四十世

—胡　齊——聞——鄭——壬　臣—班
　　　　　　　　　　　　　　　險———夷——

四一世　四二世
—周靈王——晉：太原系王氏繫姓始祖
（泄心）　　　　（王子喬，靈王太子，名晉，本姬姓）

（二）、王氏世系表

　　本表係太原王氏世系（上承黃帝世系），緣自繫姓始
祖，迨開閩三王，計四十九世代。

　　案：於括（）號內之數字，係晉（子喬）起算之世
　　　　代。

四二⑴　四三⑵　四四⑶　四五⑷　四六⑸　四七⑹
晉——宗　敬—岳　起—靖　康——肅　——鑽

四八⑺　四九⑻　五十⑼　五一⑽　五二⑾　五三⑿
—育——尚　德——弼　——景　——錯　——賁

五四⒀　五五⒁　五六⒂　五七⒃　五八⒄　五九⒅
—諭　——息　——恢——元　——頤　——翦

六〇⒆　六一⒇　六二(21)　六三(22)　六四(23)　六五(24)
—賁　——離——⌈元：避秦亂遷山東，加稱瑯琊系。
　　　　　　　⌊威——廷　臣——中　——樂——

六六(25)　六七(26)　六八(27)　六九(28)　七〇(29)　七一(30)
—吉　——駿——崇　游——遵　——音　——融

七二(31)　七三(32)　七四(33)　七五(34)　七六(35)　七七(36)
—覽　——裁　——導　——洽　——珣——曇　首

七八(37)　七九(38)　八〇(39)　八一(40)　八二(41)　八三(42)
—僧綽——儉　——騫　——規　——褒　——鼐

八四⑷　八五⑷　八六⑷　八七⑷　八八⑷　八九⑷

—弘直——綝 —— 曄——友　名——卞 —— 恁——

九〇⑷

審潮┬延　興
　　├延　虹
　　├延　豐
　　└延　休

審邽─延　彬

審知┬延　翰
　　├延　鈞┬繼　鵬（更名：王昶）
　　│（王鏻）├繼　韜
　　│　　　├繼　鏞（通鑑，作：繼鎔）
　　│　　　├繼　嚴（又名：繼裕）
　　│　　　└繼　恭
　　├延　羲┬繼　隆
　　│（王曦）├繼　業
　　│　　　└繼　柔
　　├延　政┬繼　珣
　　│　　　└繼　昌
　　├延　武
　　├延　望
　　├延　宗
　　└延　嗣┬繼　勳
　　　（從子）└繼　成

```
　　延　稟┬繼　雄
　（養子）│繼　昇
本名：周彥深└繼　倫
```

案：唐僖宗光啟元年（885）乙巳，第四十九世祖：審
　　潮、審邽、審知兄弟為治閩亂，從光州（一作：
　　中州）扶母徐氏入福建，開闢閩疆，封為「開閩
　　王」，傳下子侄：延興、延彬、延翰、延望等十
　　二人，散居福州、泉州、建州、汀州、興化，…
　　吾渡瓊太始祖：王曰琪公，原籍：福建興化府莆
　　田縣，未審先祖係"延"字何系，尚待後人查考。

三、王曰琪公次支系

　　王曰琪公，乃橋頭三槐堂王氏渡瓊太始祖，觀禮公為
自瓊城遷入會同第一代。次支兆公移居樂邑之南面古調，
迨釋臣公長嗣汝賓公遷陽江大香寮，次子汝華公遷山香
寮。宗支蕃衍，代有傳人。

```
一　代　二　代　三　代　四　代　五　代　六　代
觀　禮—珂　盧——愈 長子┬祥 —— 聯（長支系）
　　　　　　　　　　次子└兆 —— 廣 長子┬璉
　　　　　　　　　　　　　（次支系）　　 德
　　　　　　　　　　　　　　　　　次子　尾
　　　　　　　　　　　　　　　　　三子　琛
　　　　　　　　　　　　　　　　　養 長子┬珍
　　　　　　　　　　　　　　　　　　　次子 環
　　　　　　　　　　　　　　　　　　　三子
```

珌 ┬ 長子 累　止
　　├ 次子 洪
　　└ 三子 彰

七　代	八　代	九　代	十　代

—受——孟　祥—中　學 ┬ 世　泰
（璉公系）　　　　　　├ 世　馨（出繼守約）
　　　　　　　　　　　└ 世　珍——

亨 養　子 世　隆—廷　憲：恩養次支有義次子友德，因
　潤次子
（德公系）　　　　　　　義公長子寵爵乏嗣，故友德
　　　　　　　　　　　即為次支宗孫，是以苗裔，
　　　　　　　　　　　記在次支之長。

珠——文　岱—守　約 繼子 世　馨（中學次子）
（尾公系）

潤—┬應　朝—┬廷　俊—┬有　仁　止
（深公系）　│　　　│　　　└有　義（遷移社壇）
　　　　　　│　　　├廷　信
　　　　　　│　　　└廷　杰——有　智
　　　　　　└世　隆—廷　憲 養孫 友德（有義次子）
└孟九　止

嵩——┬倫—┬雲　鴻——夢　魁
（珍公系）│　│
　　　　　│　└雲　鳳 繼子 夢　香（雲鶴次子）
　　　　　└僧—┬雲　鵠——夢　斗　止
　　　　　　　　└雲　鶴——夢　香（出繼雲鳳）

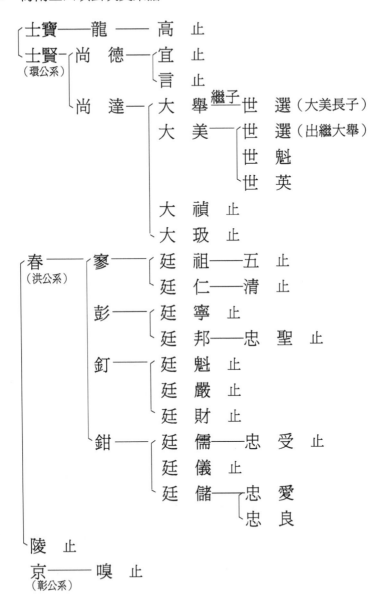

（一）、官僚園經德公系

十一代　十二代　十三代　十四代　十五代

維紀（世泰之子）止

經德　昌　保　旦　臣　汝　宣┬世　煥
（世珍長子）　　　　　　　　　├世　浩
　　　　　　　　　　　　　　├世　注
　　　　　　　　　　　　　　└世　潮

汝　經—世　熙

汝　傳┬世　榮
　　　　└世　欽

汝　祿┬世　瓊
養子　世　琇：汝實次子

汝　裕—世　珍　止

汝　實┬世　熾
　　　　├世　琇：恩養汝祿
　　　　└世　揚　止

釋　臣　又名：奭臣（出繼興保）

望　臣┬汝　寵┬世　耀
　　　　　　　└世　炫：出繼汝宏

汝　宏—世　炫：汝寵次子

汝　寰—世　清　止

興保 繼子 釋　臣┬汝　賓┬世　湖———
　　　（移大香寮）　└世　璉　止

```
                                          ┌世　琮：汝選三子
                              汝　華─┬世　琳
                              （移山香寮）│世　覺　夭
                                          │世　環
                                          │世　璞
                                          │世　璋
                                          └世　基
                              汝　寧─┬世　琛
                                          └世　廷
                              汝　選─┬世　球
                                          │世　德
                                          │世　琮：寄養汝賓
                                          │世　召
                                          └世　瑤
                              汝　會─┬世　琦
                                          └世　典
        誠　保─令　臣─┬汝　貞─┬世　鴻
                                 │          └世　伯
                                 └汝　欒─┬世　祿
                                            │世　型　止
                                            └世　明

        經賓（世珍次子）　止
        經龍（世珍三子）　止
        經豪（世珍四子）　止
```

經富（世珍五子）　　止

經統（世馨之子）　　止

（二）、大香寮汝賓公系

　　王曰琪公十三代孫釋臣公長嗣汝賓公，遷移陽江大香寮（亦稱：大寮，今名，大良村），乃肇基始祖也。其世代傳承，宗支蕃衍，代有賢人，分列如表，以供查考。

十六代　十七代　十八代　十九代　二十代

中陞——克典┬贊　緒┬國　培—朝　源（兼祀國坤）——
（世瑚長子）　　　継子　　　 │國　坤—朝　源
　　　　　　　　　　　　　 祀子
　　　　　　　　　　　　　 └國　圻　少亡

　　　　　　 └贊　永┬國　均—朝　杰
　　　　　　　　　　　│國　和—朝　熙
　　　　　　　　　　　└國　安　少亡

中倫——┬克典（出繼中陞）
（世瑚次子）│
　　　　 │克官　夭亡
　　　　 │
　　　　 继子
　　　　 └克佑—贊　治┬國　城—朝　標（國昌長子）
　　（中鈺次子）　　　继子
　　　　　　　　　　　│國　時　少亡
　　　　　　　　　　　│國　業—朝　升
　　　　　　　　　　　│國　書　少亡
　　　　　　　　　　　└國　昌┬朝　標（出繼國城）
　　　　　　　　　　　　　　 │朝　澤
　　　　　　　　　　　　　　 │朝　潤
　　　　　　　　　　　　　　 └朝　浚

中鈺（世瑚三子）
　長子　克侯—贊　紀—國　璧┬朝　茂
　　　　　　　　　　　　　├朝　聘　中殀
　　　　　　　　　　　　　└朝　盛　上殀

　次子　克佑（出繼中倫）

　三子　克修┬贊　曾┬國　琛┬朝　海
　　　　　　　　　　　　　└朝　清（出繼國泮）
　　　　　　　　　├國　泮繼子朝　清（國琛次子）
　　　　　　　　　└國　光（出繼贊泉）
　　　　　　└贊　聖（出繼克寵）

　四子　克岐—贊　泉繼子國　光—朝　堂
　五子　克嶷┬贊　仁┬國　堅┬朝　輝
　　　　　　　　　　　　　└朝　位（出繼國堂）
　　　　　　　　　└國　堂（出繼贊義、兼祀贊信）
　　　　　　├贊　義繼子國　堂繼子朝　位（國堅次子）
　　　　　　└贊　信祀子國　堂（贊仁次子）

中珍（世瑚四子，出繼世琮）
中珍—克　寵繼子贊　聖—國　球┬朝　琮
（世琮繼子）　　　　　　　　├朝　安
　　　　　　　　　　　　　├朝　宸（出繼國章）
　　　　　　　　　　　　　└朝　家
　　　　　　　　　　└國　章繼子朝　宸（國球三子）

二一代　二二代　二三代　二四代　二五代　二六代
—啟霖—運　烈┬會　其祀子家　昌（會均之子）
（朝源系）　　└會　選—家　忠

```
　　　　　　會　均—家　昌（兼祀會其）——
啟甲（朝源次子，國坤繼孫）
啟甲—運　光—會　均（運烈三子，兼祀運光）
　　　　　祀子
　　　　養子會　清—家　山—庭　平
　　運　明—會　清（運光養子，運明祀子）
　　　　　祀子
啟勛—運　籌—會　才—家　蔭
（朝杰系）　繼子
　　運　策—會　才（出繼運籌）
　　　　　會　梓—家　文
　　　　　　　　家　培

啟榜—運　鴻—會　鑑—家　剛—庭　亮
（朝熙系）　　　　　　家　強（運新繼孫）
　　運　新—繼　孫—家　強（會鑑次子）
　　運　海—會　武
　　　　　會　楊
　　運　良—會　彬
啟煜（朝標之子）　候
啟德（朝澤之子）　候
啟養—運　洲—會　聰
（朝茂系）繼子
　　　　　會　勝（朝聘繼孫、朝盛祀孫）
——朝聘繼孫—會　勝（運洲次子）
——朝盛祀孫—會　勝（運洲次子）
啟煥（朝海之子）　候
啟輝（朝清長子）
啟蕃（朝清次子）　候
```

啟炎ㄧ運　洲（出繼啟養）
（朝清系）
　　　　運　榮—會　秀

啟和—^{繼子}運　璉—會　齋

啟桂—^{祀子}運　璉（啟釗之子）

啟釗—運　璉（出繼啟和、兼祀啟桂）
（朝堂系）

啟欽—^{繼子}運　聖（啟明長子）

啟明ㄧ運　聖（出繼啟欽）
（朝輝系）
　　　運　賢ㄧ會　雲

　　　　　　　　會　雨

　　　運　傑（出繼啟宏，兼祀啟章、啟中）

啟宏—^{繼子}運　傑（啟明三子）

啟章—^{祀子}運　傑（啟明三子）

啟中—^{祀子}運　傑（啟明三子）
（朝位系）

啟中（朝位三子，**贊信**繼孫）

啟才ㄧ運　煌—會　霖
（朝安系）
　　　運　松

啟才（朝安之子，出繼朝琮、兼祀朝家）

啟才（朝安之子，朝家祀子）

啟川—運　維
（朝宸系）

卷之二　王氏先賢

　　王氏，乃中原氏族中極為優秀之一支系。對吾國文化發展，甚至於世界文明，皆有卓越之貢獻也。

　　王氏，世代蕃衍，相承相傳，人才輩出，功業鼎盛，代有賢者。於吾國成為顯赫的宗族，世稱鉅族。

　　王氏名賢，於國史志書中，多得不勝枚舉。尤以兩漢之後，開始大露鋒茫，迨晉代達巔峰狀態，特簡著歷代先賢事蹟於次，俾供後人矜式與追思矣。

一、周、國戰時代

　　王子喬，周·靈王太子，名晉，字子喬，本姓姬，以直諫廢為庶人。居山西太原，時人號曰：王家，是乃王氏太原系繫姓之始祖也。

　　據傳說，晉好吹笙作鳳鳴，遊伊洛之間，道士浮丘生接晉上嵩高山，三十餘年，後見桓良，謂曰：「可告我家，七月七日候我於緱氏山巔。」至期，果乘白鶴經山頭，可望不可到，舉手謝時人，數日方去，後立祠緱氏山下。

　　臧勵龢《中國人名大辭典》（頁七七·四）有載

　　王宗敬，周·靈王太子晉（字子喬）之子，晉既廢，

宗敬為司徒，時人號曰：王家，因以為氏。

　　臧勵龢《中國人名大辭典》（頁九九‧四）有載

　　王　詡，戰國時代人，居鬼谷，號：鬼谷先生。蘇秦、張儀嘗從之學縱橫術，在世數百歲，後不知所之，著有《鬼谷子》傳世。唐‧長孫無忌《隋書經籍志》，列為縱橫家。唐‧司馬貞《史記索隱》云：扶風池陽，潁川陽城並有鬼谷墟，蓋其所居。

　　臧勵龢《中國人名大辭典》（頁一三六‧三）有載

二、秦、兩漢、三國時代

　　王　翦，秦‧頻陽人。事始皇為將，平定趙、燕、薊諸地。會議伐荊，李信謂用兵不過二十萬，翦請兵六十萬，始皇以為怯，遂用信。翦謝病歸，信敗，卒用翦策以平荊。暨子賁公、孫離公，三代為將。

　　漢‧司馬遷《史記》（卷七三），臧勵龢《中國名人大辭典》（頁一四七‧二），有傳或事略。

　　王　賁，秦‧頻陽人，翦子，為將。率兵破定燕、齊地，始皇統一天下，以王氏與蒙氏功為多。

　　漢‧司馬遷《史記》（卷六），臧勵龢《中國人名大辭典》（頁一三〇‧三），有載。

　　王　離，秦人，翦孫。二世使將兵擊趙，圍趙王及張耳於鉅鹿。或謂離為秦名將，勢必舉之。客曰：不然，為將三世者必敗，以其所殺伐多也，今王離已三世將矣。未幾，項羽救趙，擊破秦軍，離竟被虜。

漢・司馬遷《史記》（卷七三）、東漢・班　固《漢書》（卷三一），臧勵龢《中國人名大辭典》（頁一五七・四），載有傳或事略。

王　中，漢・琅琊人。從嚴彭祖受公羊春秋，為元帝少府，家世傳業（臧勵龢《中國人名大辭典》頁七八・一，有載）。

東漢・班　固《漢書》（卷八八），有傳。

王　吉（～48B.C.），字子陽，漢・琅琊人。為昌邑王中尉，宣帝召為博士，諫大夫，吉上疏言得失，帝以為迂闊。謝病歸，與貢禹為友，世稱王陽在位，貢公彈冠。元帝立，復召為諫大夫（臧勵龢《中國人名大辭典》頁八八・二）。未至京，道卒。

東漢・班　固《漢書》（卷七二、八八、九九中），南朝宋・范　曄《後漢書》（卷一〇七），俱有載。

王　駿，吉子，為趙內史。吉坐昌邑王被刑，戒子孫毋為王國吏，故駿道病免。復起為幽州刺史，遷京兆尹，先是京兆有趙廣漢、張敞、王尊、王章至駿，皆有能名。京師稱曰：前有趙張，後有三王，官至御史大夫（臧勵龢《中國人名大辭典》頁一五五・三）。

東漢・班　固《漢書》（卷七二、九九中）有傳

王　遵，字子春，漢・霸陵人。少有豪俠、才辯，雖與隗囂舉兵，為大將軍，常有歸漢意，數諫囂，不從。遂歸光武，拜太中大夫，封向義侯（臧勵龢《中國人名大辭典》頁一五一・二）。

　　南朝宋‧范　曄《後漢書》（卷一下、卷四三），
載有傳。

　　王　音（～15B.C.），禁從子，漢‧魏郡元城人。官
御史大夫，王鳳病，成帝臨問，鳳薦音自代。鳳卒，音
遂代鳳為大司馬，車騎將軍，封安陽侯。數諫正，有忠
節。卒，諡曰：敬（臧勵龢《中國人名大辭典》頁一一
一‧二）。

　　東漢‧班　固《漢書》（卷九八），有傳。

　　王　望，字慈卿，後漢‧瑯琊人。為青州刺史，值歲
荒，行部見饑者裸行草食，以便宜出所在布粟，給其糧
衣，朝廷欲議罪，以鍾離意言，乃赦之（臧勵龢《中國
人名大辭典》頁一二二‧一）。

　　東漢‧班　固《漢書》（卷七五），南朝宋‧范
曄《後漢書》（卷五七、卷六九），有傳。

　　王　朗，字景興，三國（魏）‧郯人。高才博雅，性
嚴整，慷慨有威儀。文帝時累官司空，封樂平鄉侯，卒
諡：成。有《易春秋孝經周官傳》、《奏議論記》（臧
勵龢《中國人名大辭典》頁一二二‧一）。

　　南朝宋‧范　曄《後漢書》（卷一上），有載。

三、兩晉、南北朝時代

　　王　祥（185～269），字休徵，晉‧瑯琊臨沂人。事
繼母篤孝，母欲生魚，祥解衣將剖冰求之，冰解得雙
鯉，徐州刺史呂虔辟為別駕，政化大行。魏高貴鄉公即

位，遷太尉。武帝為晉王，祥與荀顗往謁，顗拜而祥獨長揖，帝曰：今日方知君見顧之重矣。帝即位，拜太保，以睢陵公就第，族孫戎稱其正始時，不在能言之流。及與之言，理致清達，將非以德掩言乎。卒，諡：元（臧勵龢《中國人名大辭典》頁一二三・一）。

　　案：年譜作：光和三年（180）庚申生，晉書武紀作：
　　　　泰始四年（268）戊子卒。

　　　唐・房玄齡《晉書》（卷三三），有傳。

王　覽（206～278），字元通，晉・臨沂人。祥異母弟，母朱遇祥虐，覽年數歲，見祥受楚撻，輒涕泣抱持，其母少止。覽孝友恭恪，名亞於祥，後仕至大中大夫，卒諡：貞（臧勵龢《中國人名大辭典》頁一六〇・二）。

　　　唐・房玄齡《晉書》（卷三三・附祥傳），有載。

王　導（276～339），覽孫，字茂弘，晉・臨沂人。少有風鑒，識量清遠。元帝為瑯琊王時，導知天下已亂，勸王收賢俊與共事，深見委仗，朝野號曰仲父。及即位，以為丞相，桓彝初過江，見朝廷微弱，憂懼不樂，往見導，還曰：向見管夷吾，吾無憂矣。過江人士，每至暇日，相要出新亭飲宴，周顗中坐而嘆曰：風景不殊，舉目有山河之異。皆相視流涕，惟導愀然變色曰：當共戮力王室，克復神京，何至作楚囚相對泣耶。後受遺詔輔明帝，又受明帝遺詔輔成帝，歷事三朝，出將入相，導功為多，官至太傅，卒諡：文獻（臧勵龢

《中國人名大辭典》頁一四九‧一～二）

　　案：咸康五年（339）己亥歲卒，本傳誤作：咸和，孫
　　　　綽丞相王導碑。

　　　唐‧房玄齡《晉書》（卷六五），有傳。

　　王　曠，導從弟。官淮南太守，與衛氏世為中表，故
得蔡邕書法於衛夫人，以授子羲之（臧勵龢《中國人名
大辭典》頁一五六‧四）。

　　　唐‧房玄齡《晉書》（卷八〇），文史哲《中國美
術家人名辭典》（頁一四三‧二），載有傳或事略。

　　王羲之（303～379），字逸少，曠子，導姪，晉‧瑯
琊臨沂人。年十三，謁周顗，顗異之，時重牛心炙，坐
客未啗，顗先奉羲之，於是知名，及長辯贍，以骨鯁
稱。仕為右軍將軍，會稽內史，永嘉太守，世稱：王右
軍。善草隸，八分、飛白、彰行，備精諸體，自成一家
之法，千變萬化，得之神功。而真書為古今之冠，其最
為蘭亭序、樂毅論、黃庭經也。羲之既去官，與東土人
士，盡山水之遊，弋釣自娛，卒年七十有七（一作：五
十九）。文史哲《中國美術家人名辭典》（頁一三九）載

　　案：《歷代人物年里通譜》，作：三〇三～三七九。

　　　唐‧房玄齡《晉書》（卷八〇），臧勵龢《中國人
名大辭典》（頁一五四‧二），載有事略或傳。

　　王　悅，導長子，字長豫，晉‧臨沂人。弱冠有高
名，事親色養，導甚愛之。少侍讀東宮，歷中書侍郎，
先導卒，諡：貞（臧勵龢《中國人名大辭典》頁一一

三・四）。

　　唐・房玄齡《晉書》（卷六五・附導傳），有載。

王　恬（314～349），導次子，字敬豫，晉・臨沂人。少好武，不拘禮法，晚節更好士。多技藝，善弈，為中興第一，遷中書郎，卒諡：憲（臧勵龢《中國人名大辭典》一〇六・四）。

　　唐・房玄齡《晉書》（卷六五・附導傳），有載。

王　洽（323～358），導三子，字敬和，晉・臨沂人。於兄弟中最知名，與荀羨俱有美稱。歷官吳郡內史，穆帝徵拜中書令，固讓卒，享年三十六歲（臧勵龢《中國人名大辭典》頁一〇八・二）。

　　案：年譜，作：晉愍帝建興四年（316）丙子歲生。

　　唐・房玄齡《晉書》（卷六五・附導傳），有載。

王　珣（350～401），洽長子，字元琳，小字：法護，晉・臨沂人。弱冠與陳郡、謝玄，俱為桓溫掾，溫甚敬重之。轉主簿，後為尚書右僕射，領吏部，封東亭侯，累官散騎常侍，卒諡：獻穆，贈車騎將軍，開府。

　　案：或作：東晉穆帝永和五年（349）己酉歲生。

　　唐・房玄齡《晉書》（卷六五），臧勵龢《中國人名大辭典》（頁一一六・一）、文史哲《中國美術人名辭典》（頁九七・四～九八・一），有傳或事略。

王　珉（351～388），洽次子，珣弟，字季琰、小字：僧彌，晉・臨沂人。少有才藝，善行書，名出珣右，時人為之語曰：法護非不佳，僧彌難為兄。後代王

獻之為中書令，二人素齊名，世謂：獻之為大令，珉為小令，贈太常（文史哲《中國美術家人名辭典》頁九一・一）。

唐・房玄齡《晉書》（卷六五），臧勵龢《中國人名大辭典》（頁一〇九・一），有傳或事略。

王　弘（379～430），珣長子，導曾孫，字休元，南朝宋・臨沂人。少好學，以清恬知名。武帝召補鎮軍諮議參軍，以佐命功封華容縣公。元嘉中進位太保，領中書監，卒諡：文昭。

弘博練政體，為人望所宗，造次必存禮法。凡動止施為，又書翰儀體，後人皆依放之，謂之王太保家法（臧勵龢《中國人名大辭典》頁八四～八五）。

南朝梁・沈　約《宋書》（卷四二），唐・李延壽《南史》（卷二一），載有傳。

王　微（415～443），珣次子，弘弟，字景元，南朝宋・臨沂人。世祖以貞棲絕俗，授為中書侍郎，贈秘書監。少好學，無不通覽，解音律、醫方、陰陽、術數。善屬文、工書、能畫，與史道碩並師荀勗、衛協。自謂：「性知畫繢，蓋亦鳴鵠識夜之機。盤紆糾紛，咸記心目，故兼山水之愛，一往跡求皆彷像也。」常住門屋一間，尋書玩古，終日端坐，席皆生塵埃，惟坐處獨淨，以弟喪哀痛卒，年二十九。

南朝梁・沈　約《宋書》（卷六二），唐・李延壽《南史》（卷二一・附王弘傳），臧勵龢《中國人名大

辭典》（頁一三二·三）、文史哲《中國美術家人名辭
典》（頁一一三·一～二），載有傳或事略。

王曇首（394～430），弘弟，南朝宋·臨沂人。幼有
素向，兄弟分財，曇首惟取圖書。為文帝鎮西長史，帝
被迎入奉大統，議者疑之，曇首勸帝行，帝未許，復力
勸。及即位，以為侍中，遷太子詹事，卒年三十七，追
封豫寧縣侯，諡曰：文（文史哲《中國美術家人名辭
典》頁一三三·一）。

南朝梁·沈　約《宋書》（卷六三），唐·李延壽
《南史》（卷二二），臧勵龢《中國人名大辭典》（頁
一四九·三），載有傳或事略。

王僧綽（423～453），曇首長子，南朝宋·臨沂人。
尚文帝長女，元嘉中累遷侍中，參掌大選，究識流品，
任舉咸盡其分。沈深有局度，不以才能高人。文帝將廢
立，僧綽謂宜速斷。及元凶劭弒逆，乃收害焉。孝武
立，追諡：愍（臧勵龢《中國人名大辭典》頁一三八·
三）

南朝梁·沈　約《宋書》（卷七一），唐·李延壽
《南史》（卷二二·附曇首傳），載有傳略。

王僧虔（426～479），曇首次子，南朝齊·臨沂人。
僧綽弟，善隸書，宋文帝時為太子舍人。僧綽為元凶劭
所害，親賓咸勸之逃。僧虔泣曰：今日之事，若不及見
耳。若同歸九泉，猶羽化之。累遷尚書令，齊受命，遷
侍中，開府儀同三司，卒諡：簡穆（臧勵龢《中國人名

《大辭典》頁一三八·二）

南朝梁·蕭子顯《南齊書》（卷三三），唐·李延壽《南史》（卷二二·附王曇首傳），文史哲《中國美術家人名辭典》（頁一一八·三），載有傳或事略。

王　慈（451～491），僧虔子，字伯寶，南朝齊·臨沂人。少與從弟儉共學書，除秘書郎，以疾從閒任，轉冠軍將軍，卒年四十一，諡：懿（臧勵龢《中國人名大辭典》頁一三九·二）。

南朝梁·蕭子顯《南齊書》（卷四六），有傳。

王　儉（452～489），僧綽子，字仲寶，南朝齊·臨沂人。宋明帝時，歷官秘書丞。依七略撰七志四〇卷，表獻之，又撰元徽四部書目。齊臺建，遷尚書左僕射，領吏部，封南昌縣公，時朝儀草創，皆儉儀定之。

儉少好禮學，尤善春秋，言論造次，必於儒教。由是衣冠翕然，並尚經術。卒年三十八，諡：文憲，著有《古今喪服集記》、《文集》（臧勵龢《中國人名大辭典》頁一四三·三）。

南朝梁·蕭子顯《南齊書》（卷二三），唐·李延壽《南史》（卷二二·附王曇首傳），有傳或事略。

王　騫（474～522），字思寂（本字：元成，避齊高帝諱改），南朝梁·臨沂人。儉從子，性凝簡，慕樂廣為人，有田八十餘頃，與故舊共佃之。武帝受禪，歷度支尚書，中書令。帝欲市騫田以施寺，騫答云：此田不賣，若敕取所不敢言。因忤旨，出為吳興太守，臥不視

事，後官給事中。卒年四十九，諡：安。

　　唐・李延壽《南史》（卷二二・附王曇首傳），臧勵龢《中國人名大辭典》（一五九～一六〇）有載。

　　王　暕（477～523），騫弟，字思晦，南朝梁・臨沂人。年數歲，風神警拔，有成人之度，弱冠選尚淮南長公主。武帝天監中，歷位吏部尚書，領國子祭酒，世貴顯，與物多隔，不能留心寒素，以左僕射致仕，卒諡：靖（臧勵龢《中國人名大辭典》頁一三三・二）。

　　唐・姚思廉《梁書》（卷二一）、李延壽《南史》（卷二二・附王曇首傳），載有傳略。

　　王　規（492～536），騫子，字威明，南朝梁・臨沂人。八歲居母喪，有至性，稱孝童。既長，博涉有口辯，舉秀才，襲封南昌縣侯，除中書黃門侍郎。與殷鈞、王錫等同侍東宮，俱為昭明太子所禮，常以門宗貴盛，恒思減退。大通中累官左民尚書、遷太子中庶子，辭疾不拜，於鍾山築室居焉。卒年四十五，諡：章（按《南史》作：諡文），著有《續漢書注》、《文集》（臧勵龢《中國人名大辭典》頁一二四・二）。

　　唐・姚思廉《梁書》（卷四一）、李延壽《南史》（卷二二・附王曇首傳），有傳或事略。

　　王　褒（～577），規子，字子淵，北朝周・臨沂人。博覽史傳，七歲能屬文。梁元帝時，召拜吏部尚書、左僕射。褒既名家，文學優贍，位望隆重，而愈自謙損，不以位地矜物，時論稱之。尋入周，授車騎大將軍，明

帝好文學，褒與庾信才名最高，特加親待，官終宣州刺史（臧勵龢《中國人名大辭典》頁一五四～一五五）。

案：《梁書》作：字子漢，《北史》作：字子深。

唐·姚思廉《梁書》（卷四一）、令狐德棻《周書》（卷四一）、李延壽《北史》（卷八一），有傳。

四、隋、唐、五代

王　光（550～614），隋·太原祁人。少雄武，有將帥材略，頻有戰功，文帝遇之甚厚，位至驃騎大將軍，封平原縣公（臧勵龢《中國人名大辭典》頁八七·三作：北周·祁人）。

唐·令狐德棻《周書》（卷四〇），北宋·薛居正《五代史》（卷一二四），有傳。

王　珪（571～639），僧辯孫，字叔玠，唐·太原祁人。從王通受詩，性沈澹，交不苟合。初事建成，太子召為諫議大夫，推誠納善，每存規益，遷侍中，與房玄齡、李靖、溫彥博、戴冑、魏徵同輔政，官終禮部尚書。珪自奉薄，周恤家族，奉寡嫂，家事必咨而後行，教撫孤姪，雖其子不過也。卒年六十九，諡：節（臧勵龢《中國人名大辭典》頁一一六·一～二）

後晉·劉昫《舊唐書》（卷七〇），北宋·歐陽修《新唐書》（卷九八），俱載有傳。

王　綝，字方慶，以字顯，唐·咸陽人。武后時，歷官廣州都督，治績第一。累拜左庶子，封石泉縣公。綝

博學，練習朝章，尤精三禮。卒，諡：貞，著有《魏鄭公諫錄》五卷（臧勵龢《中國人名大辭典》頁一四一‧二）。

後晉‧劉昫《舊唐書》（卷八九），北宋‧歐陽修《新唐書》（卷一一六），俱載有傳。

王義方（615～669），唐‧泗州漣水人。淹究經術，高自標樹，舉明經，補晉王府參軍，直弘文館，顯慶初擢侍御史。會李義府縱大理囚婦淳于氏，迫其丞畢正義縊死，無敢白其姦，義方上言姦臣肆虐，殺人滅口。請下有司雜治，即具法冠對仗，叱義府下跪，讀所言，帝方安義府狡佞，恨義方以孤士觸宰相，貶萊州司戶參軍，母喪，遂隱居不出。著有《筆海》、《文集》（臧勵龢《中國人名大辭典》頁一三五‧三）。

後晉‧劉昫《舊唐書》（卷一八七上），有傳。

王勃（648～675），字子安，福畤子，勮弟，唐‧絳州龍門人。六歲善文辭，麟德初對策高第，後為虢州參軍，恃才傲物，坐事除名。父福畤坐勃故，左遷交阯令，勃往省親，渡南海，墮水卒，年二十八。

初勃以省父道出南昌，會九月九日都督閻伯嶼宴客滕王閣，勃即席作序，伯嶼歎為天才。勃屬文，先磨墨數升，酣飲引被臥。及寤，援筆成篇，不易一字，時謂腹稿，初唐四傑，勃其一也。著有《王子安集》（臧勵龢《中國人名大辭典》頁一〇五‧二）

案：楊家駱《歷代人物年里通譜》（頁一三九）王

　　　勃條（備考）作：姚大瑩《王子安年譜》、劉汝
　　霖《王子安年譜》，或作：生六五〇。又年有：
　　二十八、二十九、二十六，三説。

　　　後晉・劉　昫《舊唐書》（卷一九〇上），北宋・
歐陽修《新唐書》（卷二〇一），載有傳。

　　王　維（699～759），字摩詰，唐・太原祁人。九歲
知屬辭，與弟縉齊名，資孝友。開元初擢進士，歷監察
御史，累遷尚書右丞，世稱王右丞。工草隸，善畫，名
盛開元、天寶間，時謂為詩中畫、畫中有詩。其畫山水
為畫家南宗之祖，有別墅在輞川，嘗與裴迪同游其中，
賦詩為樂。著有《王右丞集》、《畫學祕訣》，傳世
（臧勵龢《中國人名大辭典》頁一四〇・四）。

　　案：楊家駱《歷代人物年里通譜》（頁一五二），王
　　　維條（備考）或作：壽八十二，與傳不合。清・
　　　趙殿成《王右丞維年譜》作：生七〇一，卒七六
　　　一。

　　　後晉・劉　昫《舊唐書》（卷一九〇下），北宋・
歐陽修《新唐書》（卷一〇二），唐・李　肇《唐國史
補》、張彥遠《歷代名畫記》、朱景玄《唐朝名畫
錄》，宋・計有功《唐詩紀事》、《宣和畫譜》、米
芾《畫史》，文史哲《中國美術家人名辭典》（頁一二
二・一～二），有傳或事略。

　　王　縉（700～781），維弟，字夏卿，唐・太原祁
人。少好學，與維俱有聞譽，舉草澤文辭清麗科，累拜

黃門侍郎，同平章事。縉素奉佛，晚節尤謹，導帝設道場，致大曆政刑日以陵替。性復貪冒，招納財賄，事敗當死，帝憐其耄，貶括州刺史，久之遷太子賓客，分司東都卒，壽年八十二（臧勵龢《中國人名大辭典》頁一五〇・二～三）。

　　後晉・劉　昫《舊唐書》（卷一一八），北宋・歐陽修《新唐書》（卷一四五），有傳。

　王　鍔（740～815），字昆吾，唐・太原人。始為裨將，曹王皋為團練使，鍔誘降武岡叛將王國良，以功擢邵州刺史，尋表江州刺史，兼御史中丞，充都虞侯。鍔小心，善刺軍中情偽，事無細大，皋悉知之，因推以腹心，從皋朝京師，德宗擢為鴻臚少卿，累官河東節度使。回紇入朝，鍔示以威武，列軍五十里以迎之，回紇恐，不敢仰視，除檢校司空，同中書門下平章事。卒年七十六歲，諡：惠（臧勵龢《中國人名大辭典》頁一五五・二）。

　　後晉・劉　昫《舊唐書》（卷一五一），北宋・歐陽修《新唐書》（卷一七〇），有傳。

　王　紹（743～814），字德素，唐・太原人。端子，為顏真卿所器。德宗時累官戶部尚書，以謹密眷待殊厚，主計凡八年。元和初為武寧軍節度使，蒐輯軍政，推誠示人。裨將安進達籌謀亂，紹以計取之，出家貲賞士，舉軍安賴，拜兵部尚書。卒年七十二，諡：敬（臧勵龢《中國人名大辭典》頁一二三・三）。

　　後晉・劉　昫《舊唐書》（卷一二三），北宋・歐陽修《新唐書》（卷一四九），唐・李　絳〈兵部尚書王紹神道碑〉，有傳或事略。

　　王　播（759～830），字明敫，唐・太原人。貞元進士，歷官領諸道鹽鐵轉運使，有美績。穆宗時累進中書侍郎，同平章事，時權倖競進，播賴其力至宰相，專務將迎，出為淮南節度使，掊斂不少衰。太和初復輔政，專以錢穀進，不甚其事。卒年七十二，諡：敬（臧勵龢《中國人名大辭典》頁一四五・三）。

　　後晉・劉　昫《舊唐書》（卷一六四），北宋・歐陽修《新唐書》（卷一六七），有傳。

　　王　起（760～847），播弟，字舉之，唐・太原人。元和末累遷中書舍人，數上疏諫穆宗游畋，歷戶部尚書，判度支。靈武、邠寧多曠士，奏為營田以省餽輓。武宗時，典貢舉，所舉士皆知名，終山南西道節度使，同中書門下平章事。起嗜學，書經目不忘，性孝友，卒年八十八，諡：文懿（臧勵龢《中國人名大辭典》頁一一七・三）

　　後晉・劉　昫《舊唐書》（卷一六四），北宋・歐陽修《新唐書》（卷一六七），有傳。

　　王仲舒（762～823），字宏中，唐・太原祁人。貞元中舉賢良方正高第，元和初知制誥，出為蘇州刺史。穆宗立，每言仲舒之文，最宜為誥，有古風，召為中書舍人，視同列率新進少年，居不樂，除江西觀察使，歷官

皆有惠政。尚義概，所居急民廢置，自為科條，初若煩密，久皆稱其便。卒年六十二，諡：成，贈左散騎常侍（臧勵龢《中國人名大辭典》頁八七・二）。

後晉・劉　昫《舊唐書》（卷一九〇下・文苑傳），北宋・歐陽修《新唐書》（卷一六一），有傳。

王　質（769～836），字華卿，唐・太原祁人。第進士，累遷諫議大夫，宋申錫為鄭注所構，與諫官伏闕爭，申錫得不死，終宣歙觀察使，卒諡：定。質清白畏慎，為政必先究風俗，所至有惠愛（臧勵龢《中國人名大辭典》頁一四七・四）。

唐・劉禹錫〈唐故歙池等州都團練觀察處置等使宣州刺史兼御史中丞左散騎常侍王公神道碑〉，或作：年六十三，生於唐大曆九年（774）甲寅（楊家駱《歷代人物年里通譜》頁一七七「王質」：備考）。

後晉・劉　昫《舊唐書》（卷一六三），北宋・歐陽修《新唐書》（卷一六四），有傳。

王審潮（～897），又名：王潮，唐・光州固始人。僖宗入蜀，王緒合群盜取光州，劫豪傑置軍中，潮署軍正，拔眾南走，次南安，狙縛緒以殉眾，遂歸唐。昭宗假潮福建觀察使，興學勸農，定賦斂，人皆安之。乾寧中，拜威武軍節度使，檢校尚書左僕射，卒贈司空。

案：臧勵龢《中國人名大辭典》（頁一四六・一），作：王潮，字信臣。楊家駱《歷代人物年里通譜》（頁二〇三）作：王潮，字信成。

北宋‧歐陽修《新唐書》（卷一九〇），有傳。

王審邽，潮弟，字次都，唐‧固始人。官泉州刺史，檢校司徒。喜儒術，通書春秋。善吏治，中原亂，公卿多來依之，賴以免禍，邽作招賢院禮之，卒諡：武肅（臧勵龢《中國人名大辭典》頁一四四‧一）。

北宋‧歐陽修《新唐書》（卷一九〇），有傳。

王審知（862～925），潮季弟，字信通，五代（後唐）‧閩人。被隨潮從王緒，緒被殺，眾推潮為主，及潮拜節度使，以審知為副使。為人狀貌雄偉，隆準方口，常乘白馬，軍中號曰白馬三郎，潮卒，代為武威軍節度使，封琅邪王。唐亡，梁太祖封為閩王，雖起盜賊，性儉約，好禮下士，衣冠懷之，卒年六十四，諡：忠懿。後子鏻稱帝，追尊為太祖（臧勵龢《中國人名大辭典》頁一四四‧一）。

北宋‧薛居正《舊五代史》（卷一三四‧僭偽傳）、歐陽修《新五代史》（卷六八‧閩世家），皆載有傳。

王彥復，審知從弟，五代‧閩人。唐景福初為都統，從攻范暉於福州，親犯矢石，指授方略，遂克之，終泉州刺史（臧勵龢《中國人名大辭典》頁一〇六‧三）。

王延彬，審邽子，五代‧閩人。累官檢校太尉，再任泉州刺史，前後歷二十六年，吏民安之。多藝，工詩歌，頗通禪理。後漸驕縱，密遣使貢於梁，求泉州節鎮，事覺，黜歸私第。

臧勵龢《中國人名大辭典》（頁九四・四），有載。

王延翰，審知長子，字子逸，五代・閩人。唐莊宗拜為威武軍節度使，後建國稱王。為人長大，美晢如玉，通經史。驕淫殘暴，為弟鏻所殺（臧勵龢《中國人名大辭典》頁九五・一）。

北宋・歐陽修《新五代史》（卷六八・閩世家），載有傳。

王　鏻，審知次子，本名・延鈞，五代・閩人。唐拜為福建節度使，累加檢校大師，中書令，封閩王。殺其兄延翰自立，僭稱帝，國號大閩。信鬼神道家之說，宵小用事，荒淫無度，為子及皇城使李倣所弒。在位三年，廟號：惠帝，年號：龍啟、永和（臧勵龢《中國人名大辭典》頁一五九・四）。

北宋・薛居正《舊五代史》（卷一三四・僭偽傳）、歐陽修《新五代史》（卷六八・閩世家），清・陳壽祺《福建通志》（卷八八・人物志・五代封爵），俱載有傳。

王延政，審知四子，曦弟（延羲），五代，閩人。官建州刺史，鎮安軍節度使，封富沙王。自曦立，為淫虐，政數貽書諫之，曦怒攻之，為政所敗。乃以建州建國，稱殷，改元：天德，立三年為南唐所敗，遷金陵，封光山王，卒諡：恭懿（臧勵龢《中國人名大辭典》頁九四・四）。

　　北宋・歐陽修《新五代史》（卷六八・閩世家），載有傳略。

王延嗣（873～966），字孝先，審知從子，五代・閩人。幼失怙恃，事審知甚謹，審知亦撫如己子。隨從父入閩，群以馳馬試劍為事，延嗣惟耽書史，不受官爵。唐亡，梁太祖封審知為閩王，延嗣力諫曰：「義不帝秦，此其時也。」時強藩巨鎮大都僭號，審知不樂其言，然亦終身不失臣節。迨審知卒，延翰立建國改元，延嗣遂隱山林，改姓唐以字為名。先是劍州學校久廢，延嗣始以五經教授生徒，眾皆以“唐五經”呼之。及南唐以陳誨為州刺史，欲興建饗館延多士，聞五經名，議表於南唐，主以教俊造，延嗣聞之託疾謝絕賓客，終日杜門雖比鄰莫得見其面。宋乾德四年（966）丙寅歲卒，享壽九十四。孫王端於宋嘉祐八年（1063）癸卯科（原作：丙午，似有誤），登進士第，授河陽節度推官（宋・范祖禹〈王延嗣傳〉有載）。

　　清・陳壽祺《福建通志》（卷一七一・人物志・五代列傳），有傳。

王延稟（～931），審知養子，本名：周彥深，五代・閩人。歷建州刺史，奉國軍節度使，累官至中書令。將兵弒嗣王延翰，推鏻立之，鏻餞於郊，臨訣，稟大言善繼先志，毋煩老兄復來，鏻深憾之。後率兵攻鏻，兵敗見執，鏻曰：果煩老兄復來矣，遂見殺（臧勵龢《中國人名大辭典》頁九四・四）。

北宋・歐陽修《新五代史》（卷六八・閩世家），清・陳壽祺《福建通志》（卷八八・人物志，五代封爵），俱載有傳略。

王繼嚴，又名：繼裕，鏻子，五代・閩人。封建王，判六軍諸衛事，歷泉州刺史，咸得眾心，為曦所忌，賜鴆死（臧勵龢《中國人名大辭典》頁一五九・二）。

北宋・歐陽修《新五代史》（卷六八・閩世家），清・陳壽祺《福建通志》（卷八八・人物志・五代封爵），載有傳略。

王繼業（～941），曦次子，審知孫。歷汀州、泉州刺史，以治績聞，連重遇之亂，繼業弒昶於陁莊，後為行營都統，坐事賜死（臧勵龢《中國人名大辭典》頁一五九・二）。

北宋・歐陽修《新五代史》（卷六八・閩世家），清・陳壽祺《福建通志》（卷八八・人物志・五代封爵），載有傳略。

王繼勳，嗣子，審知孫，五代・閩人。累官侍中，領泉州刺史。尋納款於唐，會李弘義為唐威武節度使，繼勳致書修好，弘義怒其抗禮，遣弟弘通攻之，�繼勳令避位，廢歸私第，代領其事，唐召繼勳歸金陵（臧勵龢《中國人名大辭典》頁一五九・二）。

清・陳壽祺《福建通志》（卷八八・人物志・五代封爵），載有傳略。

五、兩宋、元時代

王　暉，宋·太原人。初從後周太祖入汴，世宗時為神武統軍。性吝嗇而貲甚富，縱部曲誅求民間，入宋官終右領軍上將軍（臧勵龢《中國人名大辭典》頁一三三·二）。

元·托克托《宋史》（卷二六一），載有傳略。

王　祜，字景叔，藏書室名：三槐室，宋·河北大名府莘人。宋初知潞州，尋代符彥卿鎮大名，以百口明彥卿無罪，世謂祜有陰德。嘗手植三槐於庭，曰：吾子孫必有為三公者。後次子旦位宰相，天下謂之三槐王氏。

宋太宗謂祜文章清節兼著，特拜兵部侍郎。尋卒，積勛封晉國公（臧勵龢《中國人名大辭典》頁一一六·四）。

元·托克托《宋史》（卷二六九），載有傳。

王　旦（957～1017），祜次子，字子明，宋·莘人。太平興國進士，真宗時累擢知樞密院，進太保。旦當政最久，事至不膠，有謗不校，軍國重事，皆預參決。薦引朝士，不令其人自知，嘗議知制誥，旦曰：可惜張師德。人問故，曰：吾於上前累言師德名家子，有士行，不意兩及吾門，狀元及第，榮進素定，當靜以待之。若復奔競，使無階而進者，當如何也。卒封魏國公，謚：文正，有《文集》（臧勵龢《中國人名大辭典》頁八五·一）。

宋・歐陽修〈太尉文正王公旦神道碑銘〉，元・托克托《宋史》（卷二八二），載有傳及事略。

王 信，字公亮，宋・太原人。真宗時應募，以擒賊功補龍神衛指揮使，累功遷保州刺史。王則反貝州，信率兵執則而還，拜感德軍節度觀察留後（臧勵龢《中國人名大辭典》頁一〇五・一）。卒，贈武寧軍節度使兼侍中。

元・托克托《宋史》（卷三二六），載有傳。

王 旭，祜季子，字仲明，宋・莘人。以蔭知緱氏雍丘等縣，三遷至殿中丞，自兄旦居宰府，以嫌不任職。及旦卒，敭歷中外，卓有政績，後以兵部郎中知應天府卒（臧勵龢《中國人名大辭典》頁九〇・三）。

元・托克托《宋史》（卷二六九），載有傳略。

王 質（1001～1045），旭子，字子野，宋・莘人。仁宗時通判蘇州，州守黃宗旦得盜鑄者百餘人下獄，喜形於色，質曰：以術鉤人置之死，而又喜，仁者之政，固如是乎。宗旦憼，為薄其罪。累擢天章閣待制，知陝州。質家世富貴，兄弟習驕侈，質獨克己好善，自奉簡素。范仲淹貶饒州，質持酒往餞，世以此益賢之（臧勵龢《中國人名大辭典》頁一四七・四）。

宋・蘇舜欽〈王子野行狀〉、范仲淹〈天章閣待制王公墓誌銘〉、歐陽修〈神道碑〉，元・托克托《宋史》（卷二六九・附祜傳），俱載有傳略。

王 素（1007～1073），旦幼子，字仲儀，宋・開封

人（先莘人）。賜進士出身，歷知鄂州，仁宗時擢知諫院，遇事感發。出知成都府，為政務合人情，蜀人紀其目，號曰王公異斷。再知渭州，教民耕戰，積粟支十年，士氣感奮，敵不敢犯。官終工部尚書，卒年六十七，諡懿敏（臧勵龢《中國人名大辭典》頁一一七．一）。著有《王文正公遺事》一卷（楊家駱《四庫大辭典》頁一七八．二），廣行於世。

　　宋・王　珪〈王懿敏公墓誌銘〉、張方平〈宋故端明殿學士金紫光祿大夫行工部尚書……諡懿敏王公神道碑銘〉，元・托克托《宋史》（卷三二○），俱載有傳或事略。

　　王　鞏，素子，字定國、自號：清虛先生，宋・莘人。有雋才，長於詩，從蘇軾游。軾守滁州，鞏往訪之，與客游泗水，登魋山，吹笛飲酒，乘月而歸，軾待之於黃樓上，謂鞏曰：李太白死，世無此樂三百年矣。軾得罪，鞏亦竄賓州，數歲得還，豪氣不少挫。後歷宗正丞，以跌蕩傲世，終不顯。著有《甲申雜記》、《聞見近錄》、《隨手雜錄》（臧勵龢《中國人名大辭典》頁一四八．二）。

　　元・托克托《宋史》（卷三二○），載有傳。

　　王安石（1021～1068），字介甫，號半山，小字：獾郎，宋・撫州臨川人。少好讀書，工為文。擢進士第，嘉祐中歷度支判官。安石議論高奇，果於自用，能以辨博濟其說，上萬言書，以變法為言，俄直集賢院，知制

誥。神宗時為相，帝深倚之，謀改革政治，興青苗水利均輸保甲免役市易保馬方田諸法，物議騰沸，時名臣皆被斥而新法卒無效，罷為鎮南軍節度使。元豐中，復拜左僕射，封荊國公。哲宗立，加司空，卒年六十六歲，諡：文。

安石性強忮，工書畫，文章拗折峭深，人以大家目之，著有《周官新義》、《臨川集》、《唐百家詩選》，皆行於世（臧勵龢《中國人名大辭典》頁八九·二）。

元·托克托《宋史》（卷三二七），何昌碩《王安石評傳》、文史哲《中國美術家人名辭典》，皆載有傳或事略。

王　存（1023～1101），字正仲，宋·丹陽人。慶曆進士，除密州推官，修潔自重，為歐陽修、呂公著所知。歷太常禮院，故與王安石厚，安石執政，數引與論事不合，叩謝不往。存在三館歷年，不少貶以干進，屢上書陳時政。累官戶部尚書，哲宗朝遷吏部，時朋黨論熾，存為帝言恐濫及善人，與任事者戾，出知杭州，遷右正議大夫致仕（臧勵龢《中國人名大辭典》頁八九·一）。

元·托克托《宋史》（卷三四一），有傳。

王　詵（1036～），字晉卿，宋·太原人，徙居開封。尚英宗女魏國大公主，為駙馬都尉，利州防禦使，與蘇軾等為友，以黨籍被謫卒，諡：榮安（臧勵龢《中

國人名大辭典》頁一三六·四）。

誑能詩善書畫，又工奕棋，作堂曰寶繪，藏古今書畫，風流蘊藉，有王謝家風。真、行、草、隸兼得鍾鼎，篆、籀用筆。行書奇怪，非世所學，自成一家。草聖傑然有王獻之、張旭之遺意。畫山水學李成、郭熙，清潤可愛。又作著色山水師唐·李思訓，不古不今，亦自成一家。皴法以金綠為之，似古今觀音寶陁山狀。……有〈煙江疊嶂圖〉、《夢遊瀛山圖卷》。宋哲宗元祐四年（1089）己巳，時年五十四歲（文史哲《中國美術家人名辭典》頁一一六·二～三）。

元·托克托《宋史》（卷二五五），清·卞永譽《式古堂書畫彙考》（六〇卷），載有傳或事略。

王居正（1087～1151），字剛中，又字：習之，族人稱：悅公，宋·揚州人。少好學、工文辭，入太學，主司重其才。舉進士第二甲龍圖（二甲一名，俗稱：傳臚），歷任太常博士、禮部員外郎、太常少卿、修政局參議、起居郎、婺州知州、起居舍人、中書舍人、史館修撰、兵部侍郎等職，後被封為文華閣大學士兼樞密察，贈太師，參預國務決策。

王居正氏，力主抗金拒和，屢被秦檜陷害，出知饒州，又改知吉州，尋奪職奉祠，檜死，復故職。於南宋高宗紹興二十一年（1151）辛未歲，奉詔來粵交付監察御史安置。同歲（辛未）二月攜夫人李氏，暨子王斗魁、王斗糾，渡海到瓊述職，三月卒於任，享年六十五

歲，葬瓊山縣府城東南譚社村邊。追封為文義公，誥封李氏為開國夫人。

　　案：王居正氏，乃三槐堂：王祐、王旦之後，亦係海南王姓入瓊之始祖，後裔分布海南各地。世代蕃衍，相承相傳，科甲迭起，代有賢人。

　　正居正氏，儀觀豐偉，聲音洪暢。其學根據六經，楊時器之。著有《春秋本義》、《竹西論語感發》、《孟子疑難》、《竹西集》、《西垣集》、《書辨學》十三卷、《詩辨學》二〇卷、《周禮辨學》五卷、《辨學外集》一卷（臧勵龢《中國人名大辭典》頁一〇〇·四）。

　　元·托克托《宋史》（卷三八一），有傳。

　　王祖道，字若愚，宋·福州人。第進士，徽宗時累官秘書少監，知桂州。蔡京開邊，祖道欲乘時徼富貴，誘王江酋、楊晟免等使納土，夸大其辭，設官置城邑，輦輸錢粟，實無尺地一民，官終刑部尚書（臧勵龢《中國人名大辭典》頁一一七·一）。

　　元·托克托《宋史》（卷三四八），有傳。

　　王晞韓，宋·興化軍人。宣和進士，紹興間樞密樓炤宣撫關陝，辟為屬，改京秩。朝廷欲借兵西夏，犄角金人，差管押生番三百餘口歸夏國，道無疏虞。累遷大理少卿，時秦檜方主和議，誣以他獄，欲置之死，帝閔其勞，移潯州，赦歸卒（臧勵龢《中國人名大辭典》頁一二一·四）。

元·托克托《宋史》（卷四八六），有傳。

王伯大，字幼學，號留耕，宋·福州人。嘉定七年（1214）甲戌科，登進士第。累官樞密副都承旨，進對言天下大勢，又極論邊事，曲盡事情。理宗朝官至刑部尚書，端明殿學士，參知政事，立朝直諒，終資政殿學士，知建寧府。著有《別本韓文考異》四〇卷、《外集》十卷、《遺文》一卷（臧勵龢《中國人名大辭典》頁九二·一）。

元·托克托《宋史》（卷四二〇），明·柯劭忞《新元史》（卷一七七），有傳。

王積翁（1229～1284），字良存，元·福寧人。初仕宋為福建制置使，元兵入閩，積翁上閩圖籍。世祖授中奉大夫，累遷江西行省參知政事。奉使日本，至其境遇害，年五十六。武宗時，追諡：忠愍（臧勵龢《中國人名大辭典》頁一五〇·二）。

元·黃溍〈故參知政事中書省國信使贈榮祿大夫平章政事上柱國追封閩國公諡忠愍王公祠堂碑〉，明·宋濂《元史》（卷二〇八）、柯劭忞《新元史》（卷一一七），俱載有傳或事略。

王紹，元·瓊山北冲人。元初寇亂，父為義兵，歿於陣，紹方弱冠，手持刀斧，奮勇赴難，竟以身殉（臧勵龢《中國人名大辭典》頁一二三·四）。

清·張岳崧《道光瓊州府志》（卷之三五·人物志·孝友）、王贄《康熙瓊山縣志》（卷之七·人

物志・孝友），王國憲《民國　瓊山縣志》（卷之二四・人物志・孝友），載有事略。

王　惲（1227～1304），字仲謀，號秋澗，元・衛州汲縣人。操履端方，好學善屬文。中統初左丞姚樞宣撫東平，辟為詳議官，上書論時政，累擢中書省都事，治錢穀、擢材能、議典禮、考制度，咸究所長。至元中拜監察御史，論列凡百五十餘章。裕宗在東宮，惲進承華事略二十篇。成宗即位，獻守成事鑑十五篇，所論悉本經旨。官至通議大夫，知制誥，卒年七十八歲，諡：文定。著有《秋澗集》（一百卷）、《詩文集》（七十七卷），《承華事略》（二卷）、《玉堂嘉話》（八卷）、《中堂事紀》（三卷）、《秋澗樂府》（四卷）、《烏臺補筆》（十卷）等書（楊家駱《四庫大辭典》頁二〇九・二）。

元・王公儒〈翰林學士中奉大夫王公神道碑〉，明・宋　濂《元史》（卷一六七）、柯劭忞《新元史》（卷一八八），載有傳或事略。

王　約（1252～1333），字彥博，元・真定人。博覽經史，工文辭。至元中為監察御史，成宗即位，言二十二事，皆從之，遷翰林直學士，條疏京東利病十事，請發米續賑，前後存生數十萬人。仁宗在東宮，雅知約名，擢太子詹事丞，多所匡正。英宗時，以集賢大學士致仕。嘗奉詔與中書省丞，條定國初以來律令，名曰：《大元通制》，頒行之。著有《史論》、《高麗志》、

《潛丘稿》等書（臧勵龢《中國人名大辭典》頁一○九·四）。

　　明·宋　濂《元史》（卷一七八）、柯劭忞《新元史》（卷一八七），俱載有傳。

王守誠（1296～1349），字君實，元·太原陽曲人。泰定初試禮部第，官太常博士，編《太常集禮》若干卷以進，拜禮部尚書，與修遼金宋三史，出為河南行省參知政事，風彩聳動天下，論功居諸道最，進左丞，卒年五十四，諡：文昭，有《文集》（臧勵龢《中國人名大辭典》頁九○·一）。

　　明·宋　濂《元史》（卷一八三）、柯劭忞《新元史》（卷二一一），俱載有傳。

王思誠，字致道，元·山東嵫陽人。天資過人。第至治進士，至正間遷國子司業，拜監察御史。累上疏言時政，朝廷多是其議，鞫獄松州、豐潤，多平反，出僉河南、山西道肅政廉訪司事。陝西行臺言欲疏鑿黃河三門，立水陸站，以達於關陝，思誠度其不可，作詩歷敘其險，執政采之，遂寢其議。拜通議大夫，國子祭酒。卒，諡：獻肅（臧勵龢《中國人名大辭典》頁一○七·二）。

　　明·宋　濂《元史》（卷一八三）、柯劭忞《新元史》（卷一八七、二○八），有傳。

王　毅，字粟夫，元·山東汶上人。舉進士，累官翰林學士承旨，嘗論鐵木兒逞私蠹政，伏闕極諫，因免

官。後召用，官至中書平章政事（臧勵龢《中國人名大辭典》頁一四五‧四）。

明‧柯劭忞《新元史》（卷一九五、卷二〇一），載有傳略。

六、明、清兩代

王　偕，字叔與，號畫隱，明‧琅邪人。官崑山學教授，元亡不仕，居常熟荻溪之西，以荻溪翁自號，有《荻溪集》（臧勵龢《中國人名大辭典》頁一一八‧二，作：元人）。

偕精繪事，善花鳥，尤工畫梅，為唐志尹之師。南京博物院藏其《鷹軀雀鳥圖》，氣勢豪放，有浙派之風（文史哲《中國美術家人名辭典》頁一〇〇‧二）。

明‧張其淦《元八百遺民詩詠》（卷七）、朱謀垔《畫史會要》（卷四），暨《明畫韻編》、《榆園畫誌》，俱載有傳略。

王　恭，字安中，自號：皆山樵者，明‧福建長樂人。隱居七巖山，永樂初以薦待詔翰林，年六十餘，與修大典，授翰林典籍，為閩中十才子之一。著有《白雲樵唱集》、《草澤狂歌》（臧勵龢《中國人名大辭典》頁一一三‧四）。

明‧焦竑《國朝獻徵錄》（卷二二），李紹文《皇明世說新語》（卷五），清‧張廷玉《明史》（卷二八六），俱載有傳。

王克義，字宜齋，明·瓊山海口人。永樂四年（1406）丙戌科進士，授崇仁知縣。大臣以博學宏詞薦，至則增減宋詞科試之，稱旨授工部主事，尋出為建昌府推官，所至有廉能聲。其試蓬萊春曉歌，為疇傳誦。祀鄉賢

　　明·唐　胄《正德　瓊臺志》（卷三六·人物志·名德）、戴　熺《萬曆　瓊州府志》（卷之十·人物志·鄉賢），清·阮　元《道光　廣東通志》（卷三〇一·列傳·瓊州府）、張岳崧《道光　瓊州府志》（卷之三三·人物志·名賢上），王國憲《民國　瓊山縣志》（卷之二四·人物志·列傳），載有事略。

王　佐（1428～1512），字汝學，號桐鄉，明·臨高蠶村人。明正統十二年（1447）丁卯科，以禮經魁鄉薦，游太學為祭酒吳節、閣禹錫所稱許，每擢為首，延譽於閣老，李賢冀其大用。後試南宮五策，條答無遺，本房欲置魁選，為忌者所黜，竟弗克成進士。

　　成化初年，選授高州府同知，歷任邵武、臨江二府同知，所至清廉慈愛，始終如一。惟質直任職，不屑俯仰，一官不徙，僅以郡佐終，眾皆惜之。而所居民愛，所去民思，至今崇祀名宦不輟。

　　平生溫雅，無他嗜好，惟耽書史，每行部所至，獨載書自隨，文雅德譽，藉甚一時。提學新喻胡榮，稱其博學多識，精思力踐，見道精審，故其詩辭平和溫厚，文氣正大光明，當比唐宋諸大家。所著有《雞肋集》、

《經籍目略》、《原教篇》、《瓊臺外紀》、《珠崖錄》、《金川玉層集》、《庚申錄》等書，世稱：文行君子，卒年八十五歲。郡、邑俱祀鄉賢

　　明·焦竑《國朝獻徵錄》（卷八七），清·阮元《道光　廣東通志》（卷三〇一·列傳三四·瓊州府）、張岳崧《道光　瓊州府志》（卷之三三·人物志·名賢上）、聶緝慶《光緒　臨高縣志》（卷一二·人物類·名賢），載有傳或事略。

　　王　儼，明·瓊山大林人。成化十一年（1475）乙未科進士，初授南京戶部主事，擢戶部湖廣司員外郎，出任福建邵武府知府，年老辭官而歸。時鄉人在府城小西門內，立進士坊乙座（王俞春《海南進士傳略》頁五六）。

　　王　華（1446～1522），守仁父，字德輝，號實庵，晚號：海日翁，嘗讀書龍泉山中，學者又稱：龍山先生，明·浙江餘姚人。舉成化十七年（1481）辛丑科進士第一（狀元），授編修。弘治中，累官學士少詹事，在講幄最久。李廣貴幸，華講《大學衍義》，指陳甚切。官終南京吏部尚書，正德二年（1507）致仕，卒年七十七（國立中央圖書館《明人傳記資料索引》頁五八）。

　　明·焦竑《國朝獻徵錄》（卷二七）、李紹文《皇明世說新語》（卷七）、顧祖訓《狀元圖考》（卷二），清·張廷玉《明史》（卷二七七），俱載有傳。

　　王守仁（1472～1528），又名：雲，華子，字伯安，號陽明，明·餘姚人。弘治十二年（1499）己未科進士。正德初以論救言官戴銑等忤劉瑾，杖闕下，謫龍場驛丞。瑾誅，移廬陵知縣，累擢右僉都御史，巡撫南贛，平大帽山諸賊，定宸濠之亂。世宗時封新建伯，總督兩廣，破斷藤峽賊，明世文臣用兵，未有如守仁者。卒年五十七，諡：文成。

　　陽明之學，以良知良能為主，謂格物致知，當自求諸心，不當求諸事物，故於宋儒特推重陸九淵，而以《朱子集註》、或問之類為中年未定之論，世稱為姚江派。嘗築室陽明洞中，學者稱：陽明先生。有《王文成公全書》（三十八卷），其文博大昌達，詩秀逸有致，即文章亦足傳世（國立中央圖書館《明人傳記資料索引》頁二八）矣。

　　明·焦　竑《國朝獻徵錄》（卷九）、劉孟雷《聖朝名世考》（卷七）、佚　名《皇明將略》（卷四）、鄧元錫《皇明書》（卷四二）、何喬遠《名山藏》（卷八〇），清·徐乾學《明史列傳》（卷七〇）、張廷玉《明史》（卷一九五），黃宗羲《明儒學案》（卷一），俱載有傳或事略。

　　王弘誨（1542～1617），字紹傳，號忠銘，晚號：天池，明·瓊州定安人。嘉靖四十四年（1565）乙丑科進士，選翰林院庶吉士，尋陞編修，擢國子監祭酒，晉南京吏部右侍郎，轉北京禮部右侍郎，會典副總裁兼翰林

院侍講學士，經筵講官加太子賓客，改吏部左侍郎掌詹事府，教習庶吉士，充萬曆十七年（1589）己丑科會試副總裁，拜南京禮部尚書，卒贈太子少保，賜祭葬。郡邑祀鄉賢

王弘誨氏，少穎異，博觀群書，日記千言，弱冠登進士第。初釋褐，值海瑞廷杖下詔獄，力調護之。張居正當政，作〈火樹篇〉、〈春雪歌〉以譏，為其銜怒。致仕歸里，創建尚友書院，誘進後學，瓊屬生童感其疏改提學之德，建生祠祀之。所著有《尚友堂稿》、《南溟奇甸集》、《吳越遊記》、《來鶴軒集》、《居鄉約言》、《天池草》、《文字談苑》、《國朝名臣錄》等書（陳德鑫《定安縣人物錄》頁三～四）。

明・曾朝節《紫園草》（卷三、卷五）、吳伯與《素雯齋集》（卷一〇），清・阮　元《道光　廣東通志》（卷三〇一・列傳三四・瓊州府一）、張岳崧《道光　瓊州府志》（卷之三四・人物志二、名賢下）、吳應廉《光緒　定安縣志》（卷之六・列傳志・人物），俱載有傳略。

王懋德，字敏中，明・瓊州文昌人。隆慶二年（1568）戊辰科進士，授刑部主事，轉工部郎中，由南京比部郎出知金華府，前後無善去者，獨立廉察。擢江西按察司副使，旋晉福建右參政，皆有政聲。年五十一，體弱多病，且雙親年過八旬，乃疏乞歸不允，遂行至將樂卒，遺書不受奠賻。僚友共捐贈六百金，遣使護

柩渡海，至則授金封君，良弼不受，曰：吾子業有成，言吾即耄，奈何取六百金，以傷吾子之義。祀鄉賢（王俞春《海南進士傳略》頁八五～八六）

　　明·王世懋《王奉常集》（卷一六）、焦竑《國朝獻徵錄》（卷九〇），清·阮元《道光　廣東通志》（卷三〇一·列傳三十四·瓊州府一）、張岳崧《道光　瓊州府志》（卷之三四·人物志·名賢下）、王贄《康熙　瓊山縣志》（卷之七·人物志·鄉賢）、張霈《咸豐　文昌縣志》（卷之十·人物志·鄉賢），載有傳或事略。

王天拯，字士亨，號新坌，明·瓊州樂會人。孝友端方，性不善浮屠，樂與人為善，尤嚴義方勤化導，鄉黨有為非者，不敢令其知，常焚券還婢，救弱賑饑。以明經肄業，辟雍歸家，築書館嘉惠後學，卒年八十三。祀鄉賢

　　清·張岳崧《道光　瓊州府志》（卷之三四·人物志二·名賢下）、程秉慥《康熙　樂會縣志》（卷之三·人物志·鄉賢），林大華《宣統　樂會縣志》（卷八·列傳·名賢），載有事略。

王宗祐，瓊州樂會人。資性穎異，博綜經史。清康熙二十三年（1684）甲子科舉人，於康熙四十五年（1706）丙戌，授四川溫江知縣。邑苦旱，築江安堰，邑苦澇，浚楊柳渡，民飫其利。以老乞休，鍵戶讀書，所著有《觀瀾齋文選》、《歷朝詩鈔略》，學者宗之。

祀鄉賢

　　清·張岳崧《道光　瓊州府志》（卷之三四·人物志二·名賢下）、林大華《宣統　樂會縣志》（卷八·列傳·名賢），載有事略。

　　王啟宏，清·瓊州樂會人。髫年遊鄉校，試輒冠軍，賢名太學，司訓增城、陽春二邑，士皆慶得師。致仕去居鄉十七年，掃跡城市。善解紛，平其曲直，而彌縫其闕。鄉有鬩者咸愿，然曰無使彥方知之，輒不終訟其為人所敬服，如此力行善事，食其德者，稱道弗衰。

　　清·張岳崧《道光　瓊州府志》（卷之三四·人物志二·名賢下）、林大華《宣統　樂會縣志》（卷八·列傳·名賢），載有事略。

　　王時炯，字晉予，清·瓊州樂會人。康熙二十九年（1690）庚午科舉人，為定襄令。秉性孝友，服官廉明，惟恐遠謗，以貽親憂，勤撫字，緩催科，食其德者，比之召杜。涖任九載，於戊子（1708）、辛卯（1711）、甲午（1714）三科，山西同考試官，行取入為主事。士民建生祠，立碑以誌遺愛。

　　王時炯修《定襄縣志》（八卷、圖一卷），清康熙五十一年（1712）序刊本，雍正五年（1727）王會隆等續修刊本。日本：國會圖書館東洋文庫（六冊·Ｃ－42）、京都大學人文科學研究所、天理圖書館（四冊·2355），俱有珍藏。臺北市：成文出版社（影印本），列《中國方志叢書　華北地方·山西省　四一三號》，

以廣流傳，增益士林。

　　清·張岳崧《道光　瓊州府志》（卷之三六·人物志七·篤行），林大華《宣統　樂會縣志》（卷八·列傳·篤行），俱載有事略。

卷之三　王曰琪次支長房系譜

　　王曰琪公一宗，由閩來瓊，遂籍瓊城，族親蕃衍，代有傳人，著有俊秀，依各世代，分述於次，以供查考。

　　渡瓊始祖，原籍：福建興化軍（府）莆田縣，以仕宦來瓊（今名：海南省），遂籍瓊郡家焉，是乃吾宗渡瓊之太始祖也。

　　王曰琪公，元仁宗延佑年（1314～1319）間，賜進士出身，敕授奉直大夫，任萬州知州。

　　姙　林氏，敕贈五品宜人。　卒，葬白石嶺。

　　男　觀泰　觀保　觀禮

郡　望：太原郡

堂　號：三槐堂

昭　穆：派序，吾渡瓊太始祖，諱曰琪公之世系，自入
　　　　會一代至十八代，其派序本非劃一，迨自十九
　　　　代，始有統一之規定，斯已志於舊譜牒凡例，
　　　　惟以派序，乃吾長幼所共同關注者，今為便予
　　　　披閱，故特著錄於次，以供宗親查考。

國朝開運會　家庭大光新

可以昌宗子　慶歷萬斯年

　　注：開即啟輩，按派序（字）開完後，方可再續。

入會一代：曰琪之子，觀泰、觀保、觀禮兄弟三人，原寓居瓊郡城北門。於明初，遷會同（志忠鄉橋頭村），而泰、保二公，俱崇廟祀。

王觀禮公，曰琪三子，敕授武節將軍錦衣衛正千戶。明太祖洪武初年，自瓊城北門遷會同（今名：瓊海市），肇基（居）橋頭苦竹山村。卒於軍，葬佛子嶺。

姒　周氏，敕贈安人。

男　珂盧

二　代：珂盧，觀禮之子。

王珂盧公，敕授兵部督餉監軍主簿，葬苦竹山至今。塋封照然，英氣顯赫，眾鄉建廟，刻繪公父子容奉祀，凡病賊災難，有禱即應。

明景泰年（1450～1456）間，馮縣主失印，焚香化牒，立得印於鎮武樓。於隆慶年（1567～1572）間，庫銀被盜，沈縣主薦香化牒，立得盜追銀後，整廟以酬。

迨明清之交，兵賊四起，鄉里詣廟祈禱，全無搔擾，護國安民，素有效念。著有《贊咒傳并文集》（一卷），於今佚傳。

其原基在橋頭苦竹山，即今之大村也。礎石尚存，墳廟即其故址，至於開創之山川產業，不能悉載，惟有歌咏所傳，備詳於序。

姒　陳氏，敕贈安人。

男　愈

三　代：愈，珂盧之子。

王　愈公，歲進士，敕授修職佐郎，選儒學，享壽八旬有八，居棒榕里，葬樂邑馬敬山。

姒　林氏

男　祥　兆（移居樂邑南面、古調）

四　代：祥、兆，愈之子。

王　祥公，愈之長子，府學恩進士，敕授徵仕郎，任應天衛經歷，居棒榕里。葬地，失考。

姒　佚氏，孺人。

男　聯（大宗系）

王　兆公，愈之次子，旨授選舉鄉飲大賓。自棒榕里遷居樂邑南面村，享壽九旬。卒，葬六敲山。

姒　陳氏

男　廣　養　玘

五　代：廣、養、玘，兆之子。

王　廣公，兆之長子。自會遷樂，卜居南面村（古調）。卒，葬山頭山。

姒　馮氏

男　璉　德　尾

王　養公，兆之次子。卒，葬黎嶺。

姒　覃氏

男　琛　珍　環

王　玘公，兆之三子。

姒　黎氏

男　累　洪　彰

一、次支長房廣公系（南面、古調）

六　代：璉、德、尾，廣之子。

王　璉公，廣之長子，庠生。卒，葬六敲山。

姒　吳氏

男　受

王　德公，廣之次子，庠生。卒，葬馬敬山。

姒　吳氏

男　享

王　尾公，廣之三子。卒，葬六敲山。

姒　黎氏

男　珠

七　代：受，璉之子。

王　受公，璉之子。

姒　馮氏

男　孟祥

八　代：孟祥，受之子。

王孟祥公，受之子。卒，葬六敲山。

姒　李氏

男　中學

九　代：中學，孟祥之子。

王中學公，孟祥之子。卒，葬黃京坡。

姒　吳氏，葬葵根山。

男　世泰　世馨（出繼守約）　世珍

王守約公，文岱之子，尾之曾孫，勤儉大富。合姓，
葬古調圍，有石碑存。

姚　黃氏

繼男　世馨（中學次子）

十　代：世泰、世馨（出繼守約）、世珍，中學之
子。

王世泰公，中學長子。

姚　佚氏

男　維紀　止

王世馨公，守約繼子，中學次子。

姚　佚氏

男　經統　止

王世珍公，中學三子。卒，葬李公塘圍。

姚　馮氏，卒葬古調圍。

男　經德　經賓　經龍　經豪　經富

十一代：經德、經賓、經龍、經豪、經富，世珍之
子。

王經德公，世珍長子。

姚　陸氏

男　昌保　興保　誠保

王經賓公，世珍次子。

姚　佚氏

男　止

王經龍公，世珍三子。

妣　佚氏

男　止

王經豪公，世珍四子。

妣　佚氏

男　止

王經富公，世珍五子。為人忠厚，享壽九秩晉六。

妣　佚氏

男　止

十二代：昌保、興保、誠保，經德之子。

王昌保公，經德長子，同妣合葬舖埇山。

妣　陳氏

男　旦臣　奭臣（出繼興保）　望臣

王興保公，經德次子。卒，葬牛望嶺。

妣　黃氏

續　梁氏

繼男　奭臣（昌保次子），一作：釋臣。

王誠保公，經德三子。卒，葬南門嶺。

妣　歐氏，葬淡埇嶺。

男　令臣

十三代：旦臣、奭臣（出繼興保）、望臣，昌保之子。令臣，誠保之子。

王旦臣公，昌保長子。清高宗乾隆十一年（1746）丙寅歲，本邑縣主劉（以禮），大匾特書「得壽謹醇」致贈之，恩典鄉賓。

清聖祖康熙五年（1666）歲次丙午十月十六日戌時生，清高宗乾隆十五年（1750）歲次庚午十月十五日酉時卒，葬軍牛松，坐戌。

　妣　楊氏，清康熙四十五年（1706）丙戌歲二月二十六日寅時生，清乾隆二十五年（1760）庚辰歲十一月二十一日辰時卒，葬軍牛松，坐辛。

　男　汝宣　汝經　汝傳　汝祿　汝裕　汝實

　　案：譜載楊氏四子：汝祿，係康熙四十一年（1702）壬午歲生，子比母大四歲，有違人倫法理。

　　　　旦公大楊氏四十歲，不符風俗倫常，疑似康熙九年（1670）庚戌歲之誤。

王奭臣公，又作：釋臣，昌保次子，出繼興保。

王望臣公，昌保三子。卒，葬羅研坡。

　妣　何氏，同考葬山。

　男　汝寵　汝宏　汝寰

王奭臣公，又作：釋臣，興保繼子，昌保次子。卒，葬青塘山。

　妣　何氏

　續　周氏，考同葬。

　男　汝賓　汝華（何出）

　　　汝寧　汝選　汝會（周出）

王令臣公，誠保之子，移居嶺下村。葬淡埇山，坐壬。

　妣　歐氏，葬古村坡，坐北。

續　馮氏，葬淡埇山。

男　汝禎　汝欒

二、次支長房釋臣公系

十四代：汝賓、汝華、汝寧、汝選、汝會，釋臣（亦作：奭臣）之子。

王汝賓公，釋臣長子，移居大香寮（俗稱：大寮，今名：大良村），肇基始祖也。

清康熙二十八年（1689）己巳歲生，清乾隆七年（1742）壬戌歲卒，葬蒙嶺。

妣　龐氏，葬熊斗北邊大堀坡。

續　陳氏，葬牛白埇，坐亥。

男　世瑚　世璉（龐出）

養子　世琮（汝選三子）

王汝華公，釋臣次子，遷居山香寮（俗稱：山寮，今名：山堯村），肇基始祖也。

清康熙三十年（1691）辛未歲生，清乾隆二十五年（1760）庚辰歲卒，葬黃粵山，坐壬。

妣　李氏，清康熙三十一年（1692）壬申歲生，清雍正甲午歲卒，葬大古嶺。

案：清世宗雍正朝（計十三年），并無甲午歲，似係雍正二年（1724）甲辰，或係雍正四年（1726）丙午，抑係雍正十二年（1734）甲寅之誤，尚待宗親查考。

　續　姚氏，清康熙三十三年（1694）甲戌歲生，清乾隆三十九年（1774）甲午歲卒，葬田鐸嶺。

　男　世琳　世覺　世環（李出）

　　　世璞　世璋　世基（姚出）

王汝寧公，釋臣三子。卒，葬馬敬山。

　妣　黎氏，葬山頭嶺。

　男　世琛　世廷

王汝選公，釋臣四子。

清康熙四十一年（1702）壬午歲生，清乾隆三十九年（1774）甲午歲卒，葬青塘嶺，坐癸。

　妣　彭氏，葬同考山（青塘嶺）。

　男　世球　世德　世琮（寄養汝賓）

　　　世召　世瑤

王汝會公，釋臣五子。

清康熙五十年（1711）辛卯歲生，清乾隆五十三年（1788）戊申歲卒，葬皇樓嶺，坐東。

　妣　單氏，清康熙五十五年（1716）丙申歲生，清乾隆四十七年（1782）壬寅歲卒，葬橫嶺，坐庚。

　男　世琦　世典

一十五代：釋臣公直系

（一）、汝賓公系（大香寮）

王世瑚公，汝賓長子，勤儉聚富。

清康熙五十九年（1720）庚子歲生，清乾隆四十一年

（1776）丙申歲卒，葬后下園稅地，改葬題榜，坐丙。

　　妣　龐氏，清雍正二年（1724）甲辰歲生，清乾隆四十一年（1776）丙申歲卒，葬榜吉坡，坐癸。

　　男　中陞　中倫　中鈺　中珍（出繼世琮）

　　王世璉公，汝賓次子。葬宅圮下園，坐乾加戌，掃祭同瑚兄內歲。

　　妣　佚氏

　　男　止

　　王世琮公，汝賓養子，汝選三子。學名：玉輝，字壁元，清咸豐年（1851～1861）間，府學附貢。

　　清乾隆十年（1745）乙丑歲生，初誕未數日，汝賓公往見之，已有抱養之志而未逮。將終命男世瑚遵命血願抱養，撫摩教誨如子，琮亦事之如父，家業掃田與瑚所生瓜分，是瑚之教養本賓之志，而琮之成立，亦瑚之恩也。

　　妣　陳氏

　　側室　郭氏

　　男　止　居宅薦為廣祖祠基（南面、古調）

（二）、汝華公系（山香寮）

　　王世琳公，汝華長子，眾尊族正。

　　清康熙二十五年（1686）丙寅歲生，清乾隆五十一年（1786）丙午歲卒，葬宅圮園，坐壬。

　　妣　黃氏，清康熙五十一年（1712）壬辰歲生，清乾

隆五十年（1785）乙巳歲卒，葬公廟嶺，坐午。

　　男　中埈　中吉　中斗

　　案：譜載：汝華公，係康熙三十年（1691）辛未歲
　　　　生。父比子小五歲，不合人倫理法，疑似康熙
　　　　四十九年（1710）庚寅歲之誤。

王世覺公，汝華次子，早亡。

　　姒　何氏

　　男　止

王世環公，汝華三子。恩賜壽官登仕郎冠帶，歲貢陳
殿宣同族黨送匾「齒德達尊」。卒葬黃粵嶺，坐壬。

　　姒　何氏，葬土地嶺，坐卯。

　　男　中圭　中堡（出繼世璞）　中墊　中標

王世璞公，汝華四子。卒，葬龍面山。

　　姒　陳氏，葬於后頭村嶺。

　　繼男　中堡（世環次子）

王世璋公，汝華五子。庠生，學名：聯元，字捷之。

　　清雍正八年（1730）庚戌歲生，清乾隆四十二年
（1777）丁酉歲卒，葬黃粵坡，坐乾。

　　姒　吳氏，清雍正十年（1732）壬子歲生，清乾隆五
十四年（1789）己酉歲卒，葬宅圮園，坐亥。

　　男　中龍　中桂　中堂（出繼世基）　中坰

王世基公，汝華六子。庠生，學名：開鼎，字國寶。

　　清雍正十二年（1734）甲寅歲生，清乾隆三十八年
（1773）癸巳歲卒，葬於加盎山，坐辛。

妣　黎氏，改嫁。

男　中坤（殤）

繼男　中堂（世璋三子）

（三）、汝寧公系

王世琛公，汝寧長子。卒，葬馬敬山，坐東。

妣　何氏，葬六敲山，坐南。

繼男　中型（世廷之子）

王世廷公，汝寧次子。卒，葬舖埔山。

妣　梁氏，葬赤花嶺。

男　中型（兼祀世琛）

（四）、汝選公系

王世球公，汝選長子。卒，葬陽江軍場坡。

妣　張氏，葬六敲山，坐東。

男　中坦　中美　中吉

王世德公，汝選次子。卒，葬馬敬山。

妣　單氏，葬青塘山。

男　中一

王世琮公，汝選三子（寄養汝賓）。

王世召公，汝選四子。卒，葬陽江軍場坡。

妣　黎氏，葬於陽江牛頭茨山。

男　中楠

王世瑤公，汝選五子。

姚　林氏

男　中玠

（五）、汝會公系

王世琦公，汝會長子。葬舖埔山，坐南。

姚　李氏

男　中元（殤）

王世典公，汝會次子。

清乾隆十七年（1752）壬申歲生，清道光六年（1826）丙戌歲卒，葬牛望嶺，坐東。

姚　陳氏，清乾隆二十年（1755）乙亥歲生，清道光三年（1823）癸未歲卒，葬界埔嶺，坐東。

男　中燕　中儒

卷之四　汝賓公直系宗譜

　　吾先世祖王汝賓公，自南面、古調，遷大香寮（俗稱：大寮，今名：大良村），肇基始祖也。

　　一十六代：中陛、中倫、中鈺、中珍，世瑚之子。

　　王中陛公，世瑚長子。國學生，學名：晉輝，字銘封，為人剛直。

　　清乾隆十五年（1750）庚午歲生，清乾隆四十七年（1782）壬寅歲卒，葬龍面坡，有碑。

　　姒　陳氏，清乾隆十九年（1754）甲戌歲生，清乾隆五十三年（1788）戊申歲卒，葬牛頭茨山，坐未加丁。

　　男　克佐（早亡）

　　繼男　克典（中倫長子）

　　王中倫公，世瑚次子。

　　清乾隆二十二年（1757）丁丑歲生，清嘉慶六年（1801）辛酉歲卒，葬在牛白埇坡，坐巳，有碑。

　　姒　司氏，清乾隆二十三年（1758）戊寅歲生，清嘉慶八年（1803）癸亥歲卒，葬牛白埇，坐乾，有碑。

　　側　李氏，生卒年失記。葬陽江市東邊路巷門，坐庚，有碑。

　　男　克典（司出，出繼中陛）

　　克官（李出）夭亡

繼男　克佑（中鈺次子）

王中鈺公，世瑚三子。卒葬三古坡，坐酉，有碑。

姒　蔡氏，生卒年失記，葬羅邪坡，坐丑。

男　克侯　克佑（出繼中倫）

　　克修　克岐　克嶷

王中珍公，世琮繼子，世瑚四子。

清乾隆二十七年（1762）壬午歲生，清道光十八年（1838）戊戌歲卒。

姒　蕭氏，清乾隆五十二年（1787）丁未歲生，清道光十九年（1839）己亥歲卒。

續　許氏（出），清乾隆二十九年（1764）甲申歲生，清道光十八年（1838）戊戌歲卒。

側　鄧氏

男　克寵（鄧出）

一十七代：世瑚公直系（大良村）

一、中陛公系（宗子）

王克典公，中陛繼子，中倫長子。字訓庭，諡文敏。

清乾隆四十五年（1780）庚子歲生，清道光十四年（1834）甲午歲卒，葬門前園，坐庚。

姒　何氏，閨評端肅。

清乾隆四十五年（1780）庚子歲生，清咸豐十年（1860）庚申歲卒，葬岂寮坡，坐庚。

男　贊緒　贊永

二、中倫公系

王克典公，中倫長子，出繼中陞。

王克官公，中倫次子，夭亡。

王克佑公，中倫繼子，中鈺次子，字命三。生卒年失記，葬牛白埇，坐酉。

姒　朱氏，生卒年失記，葬東澗坡，坐巳。

續　管氏，生卒年失記，葬石姆磜，坐丙。

男　贊治（朱出）

三、中鈺公系

王克侯公、中鈺長子。生卒年失記，葬大埇坡，坐北。

姒　陳氏，生卒年失記。

男　贊紀

王克佑公，字命三。中鈺次子，出繼中倫。

王克修公，字文甫，中鈺三子。生卒庚失記，葬埇仔坡。

姒　吳氏，生卒年失記，葬牛頭莿坡。

男　贊曾　贊聖（出繼克寵）

王克岐公，字鳳山，中鈺四子。生卒年失記，葬羅邪坡。

姒　歐氏，生卒年失記，葬加略坡，坐丑。

男　贊泉

王克嶷公，字文敏，中鈺五子。生卒年失記，葬龍虎坡，坐丁。

姒　何氏

男　贊仁　贊義　贊信

四、中珍公系

王克寵公，中珍之子。

清嘉慶十三年（1808）戊辰歲生，清道光八年（1828）戊子歲卒。

姒　陳氏，清嘉慶十二年（1807）丁卯歲生，清光緒三年（1877）丁丑歲卒。

男　贊香　殤

繼男　贊聖（克修次子）

一十八代：贊緒、贊永，克典之子。贊治，克佑之子。贊紀，克侯之子。贊曾、贊聖（出繼克寵），克修之子。贊泉，克岐之子。贊仁、贊義、贊信，克嶷之子。贊聖，克寵繼子。皆世瑚公宗系，亦汝賓公之族裔者也。

（一）、克典公系（宗子）

王贊緒公，克典長子。字留亭，恩賞鄉賓。男國培例授直隸州州同，誥贈六品。

清嘉慶八年（1803）癸亥歲生，清咸豐元年（1851）辛亥歲卒，葬油麻嶺，坐亥。

姒　馮氏，誥贈六品安人，閨評勤淑。

清嘉慶十二年（1807）丁卯歲生，清道光四年（1824）甲申歲卒，葬大舉坡，有碑。

續　張氏，清嘉慶十六年（1811）辛未歲生，清道光二十六年（1846）丙午歲卒，葬龍面嶺，坐亥。

續　朱氏，清道光元年（1821）辛巳歲生，清光緒壬申年卒，葬羅坡嶺，坐乙。

　　案：清光緒朝，無壬申歲次。疑似清同治十一年（1872）壬申，抑係清光緒八年（1882）壬午、光緒十年（1884）甲申，或清光緒十八年（1892）壬辰、光緒二十二年（1896）丙申之誤，尚待查考。

男　國培（馮出）　國堃（張出）亦作：國坤
　　國圻（朱出）少亡

王贊永公，克典次子。字清亭，秉性英毅。

清嘉慶十六年（1811）辛未歲生，清咸豐七年（1857）丁巳歲卒，葬牛牯嶺，坐乙。

姒　吳氏，清嘉慶十五年（1810）庚午歲六月初五日亥時生，卒庚失記。

男　國均　國和　國安（少亡）

一十九代：國培、國堃，贊緒之子。國均、國和，贊永之子。

王國培公，贊緒長子。字敦仁，號蘭階。篤志詩書，屢負青雲，遵例籌餉直隸州州同，誥封一代。

清道光十三年（1833）癸巳歲生，清光緒壬申年卒，葬牛牯嶺，坐丁。

　　案：清光緒朝，無壬申歲次。疑係清同治十一年（1872）壬申，或係清光緒八年（1882）壬午、光緒十年（1884）甲申，抑係清光緒十八年（1892）壬辰、光緒二十二年（1896）丙申歲之誤，待考。

妣　鄭氏，誥贈六品安人。

清道光十三年（1833）癸巳歲五月十三日卯時生，民國元年（1912）壬子歲正月十四日巳時卒，葬油麻嶺，有碑。

男　朝源（兼祀國坤）

王國堃公，又作：國坤，贊緒次子。字子厚，監生。

清道光二十二年（1842）壬寅歲生，清光緒二十八年（1902）壬寅歲卒，葬油麻嶺。

妣　盧氏，清道光二十三年（1843）癸卯歲七月十五日卯時生，清光緒四年（1878）戊寅歲六月十九日未時卒，葬油麻嶺。

祀男　朝源（國培之子）

王國均公，贊永長子。字成臣，號平可，監生。

清道光十三年（1833）癸巳歲六月十七日丑時生，清光緒二十六年（1900）庚子歲二月初七日申時卒，葬油麻嶺，有碑。

妣　朱氏，清道光十三年（1833）癸巳歲十二月二十

五日申時生，清光緒九年（1883）癸未歲八月二十九日未時卒，葬庇麻頭嶺。

男　朝杰

王國和公，贊永次子。字協亭，號鳳雅，學名：錦雲，武庠生。

清道光十九年（1839）己亥歲二月二十七日寅時生，清光緒庚戌年三月二十五日戌時卒，葬龍面坡，有碑。

　　案：清光緒朝，無庚戌歲次。疑係清宣統二年（1910）庚戌，或係清光緒六年（1880）庚辰、光緒十二年（1886）丙戌、光緒十六年（1890）庚寅，抑係清光緒二十四年（1898）戊戌、光緒二十六年（1900）庚子歲之誤，有待查考。

姒　何氏，清道光十九年（1839）己亥歲生，清咸豐十年（1860）庚申歲卒，葬牛牯嶺，坐坤。

續　梁氏，清道光二十二年（1842）壬寅歲八月十八日寅時生，民國三年（1914）甲寅歲十一月二十六日子時卒，葬石母磜，有碑。

男　朝熙

甲、贊緒公系（宗子）

二十代：朝源（宗子），國培之子，國坤祀子。

王朝源公，國培之子，國坤祀子。字川如，號淵泉，恩賜鄉賓，謚：篤直。

清咸豐四年（1854）甲寅歲五月初三日寅時生，清光

緒十七年（1891）辛卯歲二月初六日酉時卒。

　　妣　何氏，清咸豐六年（1856）丙辰歲十月十八日未時生，民國二十六年（1937）丁丑歲十二月二十日戌時卒。

　　男　啟霖　啟甲（國坤繼孫）

　王朝源公，國培之子，國坤祀子。

二十一代：啟霖（宗子）、啟甲，朝源之子。

　王啟霖公，朝源長子。字泳亭，前清例授直隸州州同

　清光緒三年（1877）丁丑歲八月二十八日亥時生，於清光緒三十四年（1908）戊申歲十一月十四日辰時卒。

　　公幼承庭訓，以耕讀為本，而淡泊明志。生平樂善好施，素秉「人溺己溺，人饑己饑」仁心，舉凡社會公益或臨時善舉，莫無樂助慨允，鄉里稱頌讚譽。

　　妣　李氏，係鄉中望族，名門閨秀。性慈祥，重婦節，守志不二，母兼父職，勤儉齊家，撫育子女成人。且對公益善行，向不後人，殊受鄉里敬重。

　　清光緒四年（1878）戊寅歲九月初八日寅時生，一九五四甲午歲七月卒。葬外坡園，坐丙向東分金。

　　祖母李氏，乃清例州同，諱啟霖字泳亭公之嫡配，稟貢生李舉生之女，于歸後善事翁姑，和諧妯娌，生先父及姑僅數歲，泳亭即棄養，始祖母年甫三十，矢志柏舟，教子女以義方。先父諱運烈，廣東地方武裝團體訓練員養成所，暨廣東警衛研究班畢業，曾任地方團董，保七團第三營副官，於抗戰期中，在白沙縣第二科長任

內殉職。姑許配同邑黎卓仁，現篆瓊東縣，每欲祖母就養。長兄會其亦在抗戰期中渡海失蹤，故祖母對余兄弟愛特厚，今余與弟會均就讀瓊中，皆祖母之功也。

茲值大宗祠續修家乘，謹誌數語，以贊之曰：

祖母懿德，媲美莊姜。和丸畫獲，義訓周詳。

繼志述事，不敢或忘。方期寸進，為門戶光。

中華民國三十七年（1948）戊子　孫會選謹書

民國八十七年（1998）歲次戊寅之三月十二日，重新修墳立碑，贊曰：

閨母懿德　媲美莊姜　仁厚誠樸　勤儉持家

善事翁姑　敦睦鄉里　矢志撫孤　義訓流芳

男　運烈

女　運英，賢淑慧敏，勤儉誠樸，熱心公益，深獲鄉里敬重。於民國四十二年（1953）間，慘遭清算鬥爭死亡。

適　黎卓仁，譜名：家朝，號備文，以字行。

清光緒二十九年（1903）癸卯歲生，陽江鄉橋坎村人。陸軍幹訓班畢業，曾任國軍排連營長，中校副團長，上海市警察局分駐所長，白沙、瓊東、樂會三縣縣長。參加東征、北伐、剿匪、抗日諸戰役。

民國三十九年（1950）庚寅歲四月，海南形勢急變，黎氏奉命召集樂會縣內忠貞幹部，暨各鄉自衛隊。由於時勢迫促，未能及時隨軍轉進來臺，於同歲（庚寅）六月為中共處死，時四十七歲。正值英年，慟哉！

男　修齊　修己　女　修金

王啟甲公，朝源次子，國坤（亦作：國堃）繼孫。

民國前二十一年三月二十九日丑時生，卒庚失考。

　　案：民國前二十一年，亦即清光緒十七年（1891）
　　　　歲次辛卯。

　姒　陳氏，清光緒十五年（1889）己丑歲二月十九日
午時生，民國三十年（1941）辛巳歲六月十五日辰時
卒。

　男　運光　運明

二十二代：運烈（宗子），啟霖之子。運光、運明，啟
甲之子。

王運烈氏，啟霖之子。字揚廷、號民生，以字號行。

　清光緒二十四年（1898）戊戌歲八月初二日未時生，
民國三十一年（1942）壬午歲九月二十七日辰時卒，享
年四十五歲。

　先嚴天資聰敏，幼從鄉賢龔書三公，勤習經史詩文，
尤其工書善文，著名鄉里。且心懷壯志，於民國十七年
（1928）戊辰，率同邑人，渡海入廣東地方武裝團體訓
練員養成所（類似臺灣省訓練團，或各省幹訓班性
質），暨廣東警衛研究班畢業。曾任地方團董，自衛隊
隊長、鄉長、區長，保七團三營副官，白沙縣田糧科科
長兼主任秘書等公職。

　民國十七年（1928）至十九年（1930）間，充任樂會
縣中庸鄉（抗日勝利後，改稱陽江鄉）團董兼自衛隊隊

長，清剿鄉中盜匪，獻力殊偉。抗日戰爭期間，追隨瓊崖區黨政機構，輾轉海南五指山區，任白沙縣田糧科科長，對該縣財政預算與敵後軍民米糧籌措，建樹良多。惜於民國三十一年（1942）九月間，不幸陣亡為國捐軀，正時值英年，識者莫無深表哀悼矣。

先君性格剛毅，嚴正耿直，守信諾、重氣節。討伐鄉里盜匪，維護社會治安，籌劃地方建設，功績殊偉。尤其秉承先祖志業，熱心公益事業，發揚「濟世愛群」精神，不遺餘力，殊受邦人君子敬重與讚譽。

中華民國八十八年（1999）己卯歲元旦
三男王會均敬書於臺北市：和怡書屋

妣　陳氏，出自鄉中望族，性溫柔，重婦道。賢淑淳厚，事姑至孝，相夫教子，勤勞儉樸，熱心善行，濟助貧寒，深獲鄉里敬佩與稱頌。

清光緒二十五年（1899）己亥歲九月十二日戌時生，民國三十七年（1948）戊子歲九月二十日戌時卒，葬芳埠坡，坐西向東。

西元二〇〇〇年庚辰歲清明節吉旦，重新修墳立碑，贊之曰：慈母懿德　賢淑淳厚　勤儉誠樸　溫柔和順
　　　　　孝姑睦鄰　相夫教子　公益善行　鄉里流芳

男　會其　會選　會均（運光祀子）

女　王會芳，秀外慧中，陽江鄉國民小學畢業。

民國九年（1920）庚申歲生，民國三十四年（1935）乙酉歲卒。

適　黃明幹，陽江鄉國民小學畢業，從事商業。

王運光氏，啟甲長子。

清宣統元年（1909）己酉歲十二月二十日卯時生，民國三十五年（1946）丙戌歲六月初九日酉時卒。

姒　伍氏，清宣統元年（1909）己酉歲生，卒庚失記。

續　符氏，民國元年（1912）壬子歲八月二十五日辰時生。

祀子　會均（運烈三子）

養子　會清（本名：李仁清，兼祀運明）

女　王會蓮，通什師範學校畢業。小學高級教師，教研組組長。

民國二十五年（1936）丙子歲四月二十二日酉時生。

適　李廷洲，鄉中望族。華南石油學院畢業，歷任：海南冶金學校教員，中學教研組組長、教導主任、高級教師。

王運明氏，啟甲次子

清宣統三年（1911）辛亥歲七月十二日卯時生，民國二十年（1931）辛未歲七月初二日卒，得年二十歲。

姒　吳氏，生卒庚俱失。

祀男　會清（運光養子）

二十三代：會其（宗子）、會選、會均，運烈之子。會清，運光養子、運明祀子。

王會其，運烈長子。廣東省立瓊崖中學、陸軍軍官學

校畢業，曾任：排長、上尉連長。

　　民國十一年（1922）壬戌歲十二月三十日卯時生，於抗日戰爭末期陣亡（約民國三十三年（1944）間），可惜壯志未酬，身先捐國，誠屬憾惜矣。

　　姒　陳氏，未取過門。

　　民國十年（1921）辛酉歲五月二十四日辰時生，民國十二年（1923）癸亥歲七月十七日未時卒。

　　祀男　家昌（會均之子）

　　王會選，運烈次子，字舉直，廣東省立瓊崖中學高中畢業、臺灣省警察學校畢業。曾在高雄市政府警察局服務二十五載。

　　民國十八年（1929）己巳歲九月十九日辰時生，民國七十五年（1986）丙寅歲十一月二十一日辰時卒，靈骨安厝高雄市萬壽山靈骨塔。

　　民國三十九年（1950）庚寅歲五月間，海南易幟，離鄉背井，顛沛流離，隨軍轉進，飄流渡海，遷移臺灣，落籍高雄市，卜居前鎮區，是為臺一代也。

　　取　劉阿粉，國民學校畢業。

　　民國三十年（1941）辛巳歲七月十五日生

　　男　家忠　　女　秀美

　　王會均，運烈三子。字和如，筆名：王和怡，室名：和怡齋、和怡書屋。政戰學校政治學系、文化大學行政管理學系畢業（法學士）。曾任軍公職三十七載，退休後精心從事「海南史志」研究。

民國三十九年（1950）庚寅歲五月間，海南易幟，與兄隨軍轉進來臺，落籍臺北市，卜居大安區福住里，是為臺一代。

民國二十二年（1933）癸酉歲五月十一日申時生

取　邱美妹，屏東縣長治鄉望族。性情溫純，賢淑敏慧，勤勞節儉，相夫教子，敦親睦鄰，誠信和諧，樂與善行，親朋頌揚。

民國三十七年（1948）戊子歲十二月二十八日吉時生

男　家昌（兼祀會其）　　女　珮琪（譜名：家嵐）

王會清，運光養子（本名：李仁清）

民國二十年（1931）辛未歲六月初八日午時生

取　龐業蓉，民國二十一年（1932）壬申歲九月二十六日丑時生

男　家山（本名：李義山）

王會清，運光養子，運明祀子。

二十四代：家忠，會選之子。家昌（宗子），會均之子。家山，會清之子。

王家昌，會其祀子（宗子），會均之子。

王家忠，會選之子。高雄中山高職畢業，從事服務業

民國六十一年（1972）壬子歲三月十六日吉時生

王家昌，會均之子，國立臺灣大學化學工程學系所畢業（工學士、化工碩士），曾任研究助理、日譯工程師

民國六十五年（1976）丙辰歲七月六日（農曆六月初十日）吉時生

王家山，會清之子。初中畢業，從事農業。

一九五四年甲午歲九月十八日午時生

取　姓名（待記）

一九五五年乙未歲生

男　庭平（本名：李　平）

二十五代：庭平，家山之子。

王庭平，家山之子，四川省財經學校畢業。

一九七六年丙辰歲六月十九日辰時生

乙、贊永公系

二十代：朝杰，國均之子。朝熙，國和之子。

王朝杰公，國均之子，字萬選、號文川，前清例授守禦所千總。

清咸豐九年（1859）己未歲七月十三日巳時生，卒庚失記。

民國四年（1915）乙卯孟冬月，鄰邑陽江墟及附近各鄉學界、商界、農工各界，諸君請余秉筆為我族長萬選先生與大小夫人陳、符氏六旬晉一壽序，我以不能含英咀華，飛文染翰，辭之又辭，而諸君強之，又要我乃為之序，曰：「壽者酻也，得其壽由得其養，如先生少讀書壯習武，四十、五十而後，則優焉游焉，以適其志而娛其情，然志何以能適優，皆自娛游焉。中有以養而之得也，有是養斯有是壽，養彌善斯壽彌高矣，壽者酻也，此之謂矣。

重以先生情慷慨度量寬宏，熱心公益人順其利，故陽江墟設初等小學校，先生解囊助之，設高等小學校，先生又解囊助之，至於濟人之難，周人之急，解人之紛，平人之訟，宗族鄰里間聲績甚，我又於是而知先生之德矣。有德則有壽，此天之道也，亦民所願矣。

然壽由於養、由於德、亦由於境，如先生大小夫人，既等二喬亦同一壽，又值賢嗣君友卿先生高等畢業，謁聖孫亦馨兒班衣膝膝，境越順則心越泰，心越泰則體越健，體越健則年越永矣，無感乎！」

諸君子強我為序，我自不得不順輿情，偕諸君子酌斗，以折稱觴而祝，使君壽考壽胥與試，俾爾壽臧壽考且寧，三壽作朋，作朋三壽。

前清稟貢生報效分發福建省試用知縣

族受弟　天澤拜撰

民國六年（1917）歲丁巳月仲秋，本族續修譜系，期以年久昭穆秩序分明，眾舉余為監修，余不敏，奈不負眾意，推舉允當厥任。見夫譜中，先人有彰善癉惡之舉，志於簡篇，余閱之生感。

茲有族弟朝杰字萬選，乃贊永祖之宗子，少讀書壯習武，例授千總職銜。其為人也，孝親敬長，敦宗睦族，遇人急難則周之，逢人爭鬬則解之，創辦學校則助之，建修祖祠、構造神廟，無不捐貲以濟之，善與人同。

余因之以彰其善而書之於譜，非余有偏乎萬選弟也，實所以鼓勵於後人耳。　　族兄增貢生　乃德誌

　　姒　陳氏，六品安人

　　清咸豐六年（1856）丙辰歲四月十七日卯時生，卒庚失記。

　　姒　符氏，六品安人。

　　清同治七年（1868）戊辰歲十一月二十三日亥時生，卒庚失記。

　　男　啟勛（符出）

王朝熙公，國和之子。字時純，號臺春，例貢生。

　　清咸豐十一年（1861）辛酉歲十二月十四日戌時生，民國五年（1916）丙辰歲四月二十六日戌時卒，葬牛古嶺，有碑。

　　姒　楊氏，清咸豐癸亥年五月二十一日卯時生，民國三十年（1941）辛巳歲十一月二十七日戌時卒。

　　　　案：清咸豐朝，無癸亥歲。疑係清同治二年（1863）癸亥，或係清咸豐元年（1851）辛亥，抑係清咸豐三年（1853）癸丑歲之誤，有待宗人查考。

　　男　啟榜

二十一代：啟勛，朝杰之子。啟榜，朝熙之子。

王啟勛公，朝杰之子。字友卿，高等畢業。

　　清光緒二十一年（1895）乙未歲十一月初四日辰時生，卒庚失記。

　　姒　吳氏，清光緒二十年（1894）甲午歲九月十五日申時生，卒庚失記。

　男　運籌　運策

王啟榜公，朝熙之子。

清光緒十七年（1891）辛卯歲七月十四日丑時生，一九六八年戊申歲八月二十九日未時卒。

　姒　陳氏，清光緒十五年（1889）己丑歲四月初九日申時生，民國十二年（1923）癸亥歲十一月十八日丑時卒。

　續　馮氏，民國元年（1912）壬子歲十月十七日午時生

　男　運鴻　運新（俱陳出）　運海　運良（俱馮出）

二十二代：運籌、運策，啟勛之子。運鴻、運新、運海、運良，啟榜之子。

王運籌氏，啟勛長子，生卒庚失考。

　姒　歐氏，生卒庚失考。

　繼男　會才（運策長子）

王運策氏，啟勛次子。

民國九年（1920）庚申歲吉月二十二日酉時生，一九七三年癸丑歲七月初二日申時卒。

　姒　何氏，民國十年（1921）辛酉歲五月初二日寅時生，一九七八年戊午歲八月初六日卒。

　男　會才（出繼運籌）　會梓

王運鴻氏，啟榜長子。

清宣統二年（1910）庚戌歲八月十五日戌時生，民國十八年（1929）己巳歲七月十七日未時卒。

姚　陳氏，清宣統二年（1910）庚戌歲五月初五日酉時生，卒庚失考。

續　李氏，清宣統元年（1909）己酉歲三月十五日寅時生，卒庚失考。

男　會鑑

王運新氏，啟榜次子。

民國六年（1917）丁巳歲六月二十七日巳時生，民國三十年（1941）辛巳歲四月二十三日申時卒。

姚　何氏，民國七年（1918）戊午歲二月二十五日卯時生，卒庚失記。

繼孫　家強（會鑑次子）

王運海，啟榜三子。

民國二十二年（1933）癸酉歲十二月二十二日申時生

取　陳　連，民國三十九年（1950）庚寅歲三月初六日辰時生

男　會武　會楊

王運良，啟榜四子。

民國二十五年（1936）丙子歲二月十二日子時生

取　李世英，民國三十二年（1943）癸未歲十二月二十四日辰時生

男　會斌（又作：會彬）

二十三代：會才、會梓，運策之才。會鑑，運鴻之子。會武、會楊，運海之子。會斌，運良之子。

王會才，運籌繼子，運策長子。

民國二十八年（1939）己卯歲六月初三日戌時生

　　取　馮花梅，

民國二十八年（1939）己卯歲十月二十三日辰時生

　　男　家蔭

王會梓，運策次子。

一九五二年壬辰歲九月初二日寅時生

　　取　馬玉金，

一九五四年甲午歲八月十二日卯時生

　　男　家文　家培

王會鑑，運鴻之子。陽江鄉第一中心國民小學畢業，曾任：陵水縣會計主任。

民國十六年（1927）丁卯歲二月初二日午時生

　　取　陳氏，民國十七年（1928）己巳歲六月十九日酉時生，卒庚失記。

　　續　黃玉蘭

民國二十二年（1933）癸酉歲五月二十日生

　　男　家剛　家強（運新繼孫）

王會武，運海長子。

一九七〇年庚戌歲六月初三日午時生

王會楊，運海次子。

一九七四年甲寅歲十二月十一日戌時生

王會彬，亦作：會斌，運良之子。

一九八一年辛酉歲四月十四日巳時生

二十四代：家蔭，會才之子。家文、家培，會梓之子。

家剛、家強、會鑑之子。

　　王家蔭，會才之子。

　　一九六三年癸卯歲十一月二十五日子時生

　　王家文，會梓長子。

　　一九七七年丁巳歲七月二十一日亥時生

　　王家培，會梓次子。

　　一九八〇年庚申歲四月初一日寅時生

　　王家剛，會鑑長子。

　　一九五一年辛卯歲五月十四日生

　　取　吳少玲，

　　一九五二年壬辰歲十月十日生

　　男　庭亮

　　王家強，會鑑次子，運新繼孫。

　　一九五六年丙申歲七月初一日生

　　取　李玉花，

　　一九六〇年庚子歲六月二十日生

二十五代：庭亮，家剛之子。

　　王庭亮，家剛之子。

　　一九七七年丁巳歲十月二十九日生

（二）、克佑公系

　　王贊治公，克佑之子，字天一。

　　清嘉慶丙午年生，清同治六年（1867）丁卯歲卒，葬石母磜，坐丙，有碑。

案：清嘉慶朝，無丙午歲。疑係清乾隆五十一年
　　（1786）丙午，或係清嘉慶元年（1796）丙
　　辰、嘉慶三年（1798）戊午，抑係清嘉慶十一
　　年（1806）丙寅、嘉慶十五年（1810）庚午、
　　嘉慶二十一年（1816）丙子歲之誤，有待宗親
　　查考。

姚　禰氏，清嘉慶元年（1796）丙辰歲七月初七日酉
時生，清光緒三十四年（1908）戊申歲十月二十日寅時
卒。

男　國城　國時（上殤）
　　國業　國書（中殤）　國昌
一十九代：國城、國業、國昌、贊治之子。

王國城公（系錄，作：國成），贊治長子。

清道光二十七年（1847）丁未歲八月十六日亥時生，
清光緒十七年（1891）辛卯歲九月十三日午時卒。

姚　林氏，清道光二十七年（1847）丁未歲生，清同
治癸丑歲卒，葬牛仔埇坡，坐巳。

案：清同治朝，無癸丑歲。疑係清咸豐三年
　　（1853）癸丑，或係清同治二年（1863）癸
　　亥、同治四年（1865）乙丑、同治十二年
　　（1873）癸酉，抑係清光緒三年（1877）丁丑
　　歲之誤，有待宗親查考。

續　盧氏，清道光二十五年（1845）乙巳歲八月二十
七日巳時生，清光緒元年（1875）乙亥歲四月吉旦戌時

卒。

繼男　朝標（國昌長子）

王國業公，贊治次子，字修甫。

清咸豐五年（1855）乙卯歲十一月初二日申時生，卒庚失記。

妣　嚴氏，改嫁。清咸豐十年（1860）庚申歲二月二十一日巳時生，卒庚失記。

男　朝升

王國昌公，贊治三子，字盛廷。

清同治二年（1863）癸亥歲三月初六日午時生，清光緒三十四年（1908）戊申歲八月初四日巳時卒。

妣　盧氏，清同治八年（1869）己巳歲五月初四日亥時生，清光緒二十二年（1896）丙申歲三月初一日酉時卒。

續　黎氏，清同治十二年（1873）癸酉歲三月十三日子時生，卒庚失記。

男　朝標（出繼國城）　盧出

朝澤　朝潤　朝濬（殤）　俱黎出

二十代：朝標（國昌長子），國城繼子。朝升，國業之子。朝澤、朝潤、朝濬，國昌之子。

王朝標公，國城繼子，國昌長子，字梅臣。

清光緒十三年（1887）丁亥歲五月二十九日子時生，卒庚失記。

妣　龐氏，清光緒十四年（1888）戊子歲十一月二十

一日申時生，卒庚失記。

　　男　啟煜　候

王朝升公，國業之子，生卒庚失記。

　　聘　龐氏，改嫁。

王朝標公，國昌長子，出繼國城。

王朝澤公，國昌次子，字南山。

　　清光緒二十三年（1897）丁酉歲六月初一日未時生，卒庚失記。

　　妣　李氏，清光緒二十三年（1897）丁酉歲四月初一日申時生，卒庚失考。

　　男　啟德　候

王朝潤公，國昌三子，字德齋。

　　清光緒二十七年（1901）辛丑歲正月初一日未時生，民國二十七年（1938）戊寅歲十二月十二月申時卒。

　　妣　陳氏，清光緒二十七年（1901）辛丑歲五月十五日申時生，改嫁。

王朝濬公，國昌四子。

　　清光緒三十二年（1906）丙午歲八月十六日午時生，清宣統元年（1909）己酉歲九月十六日辰時卒。

　　妣　龐氏，清光緒三十四年（1908）戊申歲三月二十八日卯時生，清宣統元年（1909）己酉歲八月十九日申時卒。

二十一代：啟煜，朝標之子。啟德，朝澤之子。

王啟煜公，朝標之子。候

民國前四年十二月初九日未時生，卒庚失記。

案：民國前四年，亦即清光緒三十四年（1908）戊申。

姒　陳氏，民國前（年次未記）年八月二十三日巳時生，卒庚失記。

王啟德公，朝澤之子。候

民國八年（1919）己未歲四月十九日未時生，卒庚失考。

（三）、克侯公系

王贊紀公，克侯之子。

清嘉慶十九年（1814）甲戌歲生，清光緒六年（1880）庚辰歲卒，葬牛牯嶺。

姒　符氏，生卒庚失記。葬牛白埇，坐乾。

男　國璧

一十九代：國璧，贊紀之子。

王國璧公，贊紀之子，字崑山。

清道光三十年（1850）庚戌歲十月二十九日亥時生，清光緒三十四年（1908）戊申歲五月十七日亥時卒。

姒　吳氏，清咸豐四年（1854）甲寅歲八月十三日辰時生，卒庚失記。

男　朝茂　朝聘（中殤）　朝盛（上殤）

二十代：朝茂、朝聘、朝盛，國璧之子。

王朝茂公，國璧長子。

清光緒元年（1875）乙亥歲十月三十日未時生，卒庚
失記。

　　姒　　吳氏，清光緒三十一年（1905）乙巳歲九月初五
日寅時生，卒庚失記。

　　續　　陳氏，生卒庚失記。

　　男　　啟養（兼祀朝盛）

王朝聘公，國璧次子，中殤。

王朝盛公，國璧三子，上殤。

清光緒七年（1881）辛巳歲六月二十日子時生，卒庚
失記。

　　姒　　失氏

　　祀男　　啟養（朝茂之子）

二十一代：啟養，朝茂之子，朝盛祀子。

王啟養公，朝茂之子，朝盛祀子，增貢生，欽加五品
銜，任廉州合浦縣教諭，雷州徐聞縣訓導。生卒庚失。

　　姒　　失氏

　　繼男　　運洲（啟炎長子）

二十二代：運洲，啟炎長子，啟養繼子。

王運洲氏，啟炎長子，啟養繼子。

民國三十五年（1946）丙戌歲六月十八日酉時生

　　取　　龐朱霞，民國三十六年（1947）丁亥歲十二月二
十三日生

　　男　　會聰　會勝（朝聘繼孫，朝盛祀孫）

二十三代：會聰、會勝，運洲之子。

王會聰，運洲長子。

一九七四年甲寅歲七月十五日卯時生，

王會勝，運洲次子，朝聘繼孫、朝盛祀孫。

一九八二年壬戌歲八月二十三日巳時生

王會勝，運洲次子，朝聘繼孫。

王會勝，運洲次子，朝盛祀孫。

（四）、克修公系

王贊曾公，克修長子，字冠一。

清道光乙亥年生，清咸豐三年（1853）癸丑歲卒。葬風牌坡，坐乾。

  案：清道光朝，無乙亥歲。疑係清嘉慶二十年（1815）乙亥，或係清道光五年（1825）乙酉、道光七年（1827）丁亥，抑係清道光十五年（1835）乙未、道光十九年（1839）己亥歲之誤，有待查考。

妣 梁氏，清道光丙子年十月二十四日戌時生，清光緒二十七年（1901）辛丑歲九月初二日卯時卒。

  案：清道光朝，無丙子歲。疑係清嘉慶二十一年（1816）丙子，或係清道光六年（1826）丙戌、道光八年（1828）戊子，抑係清道光十六年（1836）丙申、道光二十年（1840）庚子、道光二十六年（1846）丙午歲之誤，有待查考。

男　國琛　國泮（上殤）　國光（出繼贊泉）

王贊聖公，克修次子，出繼克寵。

一十九代：國琛、國泮、國光，贊曾之子。

王國琛公，贊曾長子，字獻廷。

清道光七年（1827）丁亥歲生，清同治丙子年卒，葬東瀾坡，坐丁。

　　注：贊曾公，若係清嘉慶二十年（1815）乙亥歲生，迨清道光七年（1827）丁亥，只有十三歲大。妣梁氏，若係清嘉慶二十一年（1816）丙子歲生，亦袛十二歲。於是顯見，國琛公於清道光十七年（1837）丁酉歲生，較合情理，特註明之。

　　案：清同治朝，無丙子歲。疑係清光緒二年（1876）丙子，或係清同治三年（1864）甲子，抑係清同治五年（1866）丙寅歲之誤，有待宗親查考。

　　妣　龐氏，清道光二十五年（1845）乙巳歲二月初十日巳時生，清光緒二十五年（1899）己亥歲九月初五日卯時卒。

男　朝海　朝清（出繼國泮）

王國泮公，贊曾次子。

清道光二十九年（1849）己酉歲生，清同治七年（1868）戊辰歲卒，葬龍虎坡。

　　妣　失氏，生卒庚失記。

繼男　朝清（國琛次子）

王國光公，贊曾三子，出繼贊泉。

二十代：朝海、朝清（出繼國泮），國琛之子。

王朝海公，國琛長子。

清同治八年（1869）己巳歲九月初十日午時生，卒庚失記。

姒　陳氏，清同治八年（1869）己巳歲六月二十九日申時生，卒庚失記。

續　陳氏，清同治丙辰年十月生，民國二十九年（1940）庚辰歲十二月二十四日丑時卒。

　　案：清同治朝，無丙辰歲。疑係清同治五年（1866）丙寅，或係清同治七年（1868）戊辰，抑係清光緒六年（1880）庚辰歲之誤，有待宗親查考。

男　啟煥（續出）

王朝清公、國泮繼子、國琛次子。

清光緒元年（1875）乙亥歲四月十九日巳時生，民國三十五年（1946）丙戌歲九月二十四日辰時卒。

取　何氏，清光緒十一年（1885）乙酉歲六月二十四日巳時生，卒庚失記。

續　林氏，生卒庚失。

小婦　符氏，生卒庚失。

續　郭氏，生卒庚失。

男　啟輝　啟蕃　啟炎

二十一代：啟煥，朝海之子。啟輝、啟蕃、啟炎，朝清之子。

王啟煥公，朝海之子。候

民國前四年十月初九日亥時生，卒庚失記。

　案：民國前四年，亦即是清光緒三十四年（1908）戊申歲。

姒　陳氏，民國元年（1912）壬子歲三月十七日未時生，卒庚失記。

王啟輝公，朝清長子。

民國前七年七月二十二日午時生，民國三十八年（1949）己丑歲五月十二日卒。

　案：民國前七年，亦即是清光緒三十一年（1905）乙巳歲。

姒　符氏，民國前八年十一月二十八日酉時生，民國（失考）年十月十三日辰時卒。

　案：民國前八年，亦即是清光緒三十年（1904）甲辰歲。

續　周氏，民國前四年十月二十四日卯時生，民國二年（1913）癸丑歲四月十七日巳時卒。

　案：民國前四年，亦即是清光緒三十四年（1908）戊申歲。

續　吳氏，民國元年（1912）壬子歲七月三十日申時生，卒庚失記。

王啟蕃公，民國前一年十月二十七日戌時生，卒庚失

記。

　　　　案：民國前一年，亦即是清宣統三年（1911）歲次
　　　　　　辛亥。

　　姁　陳氏，民國元年（1912）壬子歲三月十七日未時
生，卒庚失考。

　　續　李氏，民國五年（1916）丙辰歲四月二十三日午
時生，卒庚失記。

　　王啟炎公，朝清三子。

　　民國六年（1917）丁巳歲七月十一日子時生，卒庚失
考。

　　取　吳氏，民國十年（1921）辛酉歲八月初七日辰時
生，卒庚失記。

　　男　運洲（出繼啟養）　運榮

二十二代：運洲（出繼啟養）、運榮，啟炎之子。

　　王運洲氏，啟炎長子，出繼啟養。

　　王運榮氏，啟炎次子。

　　一九五一年辛卯歲正月初八日辰時生

　　取　陳愛菊，一九五八年戊戌歲三月十四日生

　　男　會秀

二十三代：會秀，運榮之子。

　　王會秀，運榮之子。北京農業大學畢業（農學士）

　　一九七九年己未歲正月十二日寅時生

（五）、克岐公系

王贊泉公，克岐之子。字源本，生卒庚失記。

姒　嚴氏，生卒庚失記。

繼男　國光（贊曾三子）

一十九代：國光，贊曾三子、贊泉繼子。

王國光公，贊泉繼子、贊曾三子。

清咸豐二年（1852）壬子歲九月初一日午時生，清光
緒二十二年（1896）丙申歲正月初五日子時卒。

姒　龐氏，清同治庚申年生，清光緒八年（1882）壬
午歲卒。葬加郎嶺，坐巽。

案：清同治朝，無庚申歲。疑係清咸豐十年
（1860）庚申歲之誤，有待宗親查考。

續　盧氏，生卒庚失考。

男　朝堂

二十代：朝堂，國光之子。

王朝堂公，國光之子。

清光緒十九年（1893）癸巳歲四月十七日卯時生，民
國三十六年（1947）丁亥歲七月十八日子時卒。

姒　蒙氏，清光緒二十年（1894）甲午歲二月二十三
日亥時生，卒庚失記。

男　啟和　啟桂　啟釗

二十一代：啟和、啟桂、啟釗，朝堂之子。

王啟和公，朝堂長子。

民國四年（1915）乙卯歲十二月初九日寅時生，民國三十二年（1943）癸未歲十二月二十八日寅時卒。

姒　李氏，民國九年（1920）庚申歲六月初二日子時生，民國三十七年（1947）戊子歲正月十一日酉時卒。

繼男　運璉（啟釗之子）

王啟桂公，朝堂次子

民國十二年（1923）癸亥歲二月初六日寅時生，卒庚失記。

姒　陳祝英，生卒庚失考。

祀子　運璉（啟釗之子）

王啟釗公，朝堂三子。

民國十七年（1928）戊辰三六月二十三日戌時生，卒庚失記。

姒　黎氏，生卒庚失考。

男　運璉（出繼啟和、兼祀啟桂）

二十二代：運璉，啟釗之子，啟和繼子、啟桂祀子。

王運璉氏，啟和繼子、啟釗之子。

王運璉氏，啟桂祀子、啟釗之子。

王運璉氏，啟釗之子。

一九五二年壬辰歲五月二十五日巳時生，

取　陳春蓉，一九五七年丁酉歲三月十五日卯時生

男　會齋

二十三代：會齋，運璉之子。

王會齋，運璉之子。

一九八二年壬戌歲十一月初九日卯時生

（六）、克嶷公系

王贊仁公，克嶷長子。

清道光七年（1827）丁亥歲生，卒庚失記。

姒　雲氏，清道光九年（1829）己丑歲十二月初一日巳時生，卒庚失記。

男　國堅　國堂（出繼贊義、兼祀贊信）

王贊義公，克嶷次子。

清道光九年（1829）己丑歲生，卒庚失記。

姒　冀氏，生卒庚失記。

繼男　國堂（贊仁次子）

王贊信公，克嶷三子。

清道光二十七年（1847）丁未歲四月二十八日丑時生，民國元年（1912）壬子歲正月十七日卒。

姒李氏，清道光三十年（1850）庚戌歲八月二十三日子時生，卒庚失記。

祀子　國堂（贊仁次子）

一十九代：國堅、國堂（出繼贊義、兼祀贊信），贊仁之子。

王國堅公，贊仁長子。

清道光三十年（1850）庚戌歲五月十三日戌時生，清光緒二十一年（1895）乙未歲卒。

姒　符氏，清咸豐七年（1857）丁巳歲二月二十二日

申時生，卒庚失記。

　　男　朝輝　朝位（出繼國堂）

王國堂公，贊仁次子。贊義繼子，贊信祀子。

　　清咸豐四年（1854）甲寅歲六月初五日申時生，卒庚失記。

　　妣　廖氏，清同治四年（1865）乙丑歲生，卒庚失記。

　　繼男　朝位（國堅次子）

王國堂公，贊信祀子，贊仁次子。

二十代：朝輝、朝位（出繼國堂），國堅之子。

王朝輝公，國堅長子，字光臣。

　　清光緒十五年（1889）己丑歲十月二十九日丑時生，民國三十七年（1948）戊子歲二月初十日酉時卒。

　　妣　馬氏，清光緒十五年（1889）己丑歲五月二十七日辰時生，民國（失記）年八月初八日卒。

　　男　啟欽　啟明

王朝位公，國堅次子，國堂繼子，字名山。

　　清光緒二十年（1894）甲午歲正月十八日寅時生，卒庚失記。

　　妣　龐氏，清光緒十七年（1891）辛丑歲四月初五日未時生，一九六〇年庚子歲三月初九日亥時卒。

　　男　啟鴻　啟章　啟中

二十一代：啟欽、啟明，朝輝之子。啟鴻、啟章、啟中（出繼贊信），朝位之子。

王啟欽公，朝輝長子。

民國前一年五月十八日酉時生，卒庚失記。

　案：民國前一年，亦即是清宣統三年（1911）辛亥
　　　歲。

姘　何氏，民國前一年十一月初三日巳時生，民國十
三年（1924）甲子歲十月二十四日卒。

　　案：民國前一年，亦即是清宣統三年（1911）辛亥
　　　　歲。

繼男　運聖（啟明長子）

王啟明公，朝輝次子。

民國十一年（1922）壬戌歲又五月初五日辰時生，一
九七〇年庚戌歲四月初九日申時卒。

姘　馮氏，民國十三年（1924）甲子歲六月初十日辰
時生，卒庚失記。

男　運聖（出繼啟欽）　運賢
　　運杰（出繼啟鴻，兼祀啟章、啟中）

王啟鴻公，亦作：啟宏，朝位長子。

民國前一年十月二十二日未時生，卒庚失記。

　案：民國前一年，亦即是清宣統三年（1911）辛亥
　　　歲。

姘　陳氏，生卒庚失記。

繼男　運杰（啟明三子）

王啟章公，朝位次子。

民國三年（1914）甲寅歲正月十九日申時生，卒庚失

記。

　　妣　吳氏，生卒庚失記。

　　祀男　運杰（啟明三子）

　　王啟中公，朝位三子，贊信繼孫。

　　民國五年（1916）丙辰歲二月二十日戌時生，卒庚失記。

　　祀男　運杰（啟明三子）

　二十二代：運聖（出繼啟欽）、運賢、運杰（出繼啟鴻、兼祀啟章、啟中），啟明之子。

　　王運聖氏，啟明長子，啟欽繼子。

　　民國三十七年（1948）戊子歲四月初六日申時生

　　王運賢氏，啟明次子。

　　一九五一年辛卯歲四月初九日申時生

　　取　周達美，一九四九年己丑歲生

　　男　會雲　會雨

　　王運杰氏，啟明三子，啟宏繼子、啟章、啟中祀子。

　　一九五三年癸巳歲八月十九日辰時生

　二十三代：會雲、會雨，運賢之子。

　　王會雲，運賢長子。

　　一九七八年戊午歲三月二十八日酉時生

　　王會雨，運賢次子。

　　一九八〇年庚申歲七月二十五日亥時生

（七）、克寵公系

王贊聖公，克修次子，克寵繼子。恩賜登仕郎，紳評勤儉。

清道光六年（1826）丙戌歲二月十七日子時生，清光緒二十一年（1895）乙未歲二月初七日未時卒，葬文戲嶺，坐寅。

姒　郭氏，清道光七年（1827）丁亥歲六月十六日卯時生，卒庚失記。葬面前坡，坐坤。

男　國球　國璋

一十九代：國球、國璋，贊聖之子。

王國球公，贊聖長子，字明之。

清同治二年（1863）癸亥歲十二月二十九日丑時生，民國十四年（1925）乙丑歲十一月初三日巳時卒，葬大鐵園，坐艮加丑。

姒　蔡氏，清同治五年（1866）丙寅歲九月二十八日未時生，民國十四年（1925）乙丑歲十二月二十九日丑時卒。

男　朝琮（殤）　　朝安　朝宸（出繼國璋）
　　朝家（殤）

王國璋公，贊聖次子。

清同治六年（1867）丁卯歲生，清光緒十二年（1886）丙戌歲卒。

姒　龐氏，清同治六年（1867）丁卯歲五月二十日巳

時生，清光緒十二年（1886）丙戌歲四月二十九日巳時卒。

繼男　朝宸（國球三子）

二十代：朝琮、朝安、朝宸（出繼國璋）、朝家，國球之子。

王朝琮公，國球長子

清光緒十六年（1890）庚寅歲又二月二十五日巳時生，清光緒二十五年（1899）己亥歲又八月二十四日卯時卒。葬面前坡，坐未。

妣　吳氏，清光緒十六年（1890）庚寅歲九月十八日卯時生，卒庚失記。

繼男　啟才（朝安之子）

王朝安公，國球次子，字文明。

清光緒二十八年（1902）壬寅歲四月二十日戌時生，卒庚失考。

妣　何氏，清光緒二十七年（1901）辛丑歲十月初二日寅時生，一九七七年丁巳歲十月二十七日巳時卒。

男　啟才（出繼朝琮、兼祀朝家）

王朝宸公，國球三子，國璋繼子，字伯卿。

清光緒三十年（1904）甲辰歲五月十六日未時生，一九八二年壬戌歲八月十八日酉時卒。

妣　陳氏，清光緒二十九年（1903）癸卯歲十一月十一日申時生，卒庚失記。

男　啟川

王朝家公，國球四子。

清光緒三十二年（1906）丙午歲又四月三十日丑時生，卒庚失記。葬大古嶺，坐壬。

姒　馮氏，清光緒三十年（1904）甲辰歲十一月初七日巳時生，卒庚失記。

祀男　啟才（朝安之子）

王朝宸公，國璋繼子，國球三子，字伯卿。

姒　陳氏

男　啟川

二十一代：啟才，朝安之子。啟川，朝宸之子。

王啟才公，朝琮繼子，朝安之子，陽江鄉第一中心國民小學畢業。

民國十四年（1925）乙丑歲又四月二十七日戌時生，卒庚失記。

取　何氏，民國十四年（1925）乙丑歲二月初一日辰時生

男　運煌　運松

王啟才公，朝安之子，出繼朝琮，兼祀朝家。

王啟才公，朝家祀子，朝安之子。

王啟川公，朝宸之子。

民國十二年（1923）癸亥歲十一月二十三日亥時生，卒庚失記。

姒　梁氏，生卒庚失記。

續　馮氏，民國十二年（1923）癸亥歲四月二十八日

卯時生，

　　男　運維

二十二代：運煌、運松，啟才之子。運維，啟川之子。

　　王運煌氏，啟才長子。

　　一九五三年癸巳歲八月初十日辰時生

　　取　陳彩霞，一九五二年壬辰歲二月初二日生，

　　男　會霖

　　王運松氏，啟才次子。

　　一九六一年辛丑歲正月三十日申時生，

　　王運維氏，啟川之子。

　　一九六九年己酉歲十一月初七日巳時生，

二十三代：會霖，運煌之子。

　　王會霖，運煌之子。

　　一九八〇年庚申歲十月二十三日亥時生，

卷之末　緒　餘

　　吾瓊鄉親，於民國三十九年（1950）庚寅歲五月間，海南易幟，追隨政府撤守來臺，散居各縣市，從事各行業，胼手胝腳，含辛茹苦，歷盡艱難，奮發圖強，於今略有其成，亦足堪告慰矣。

一、遷臺宗系

　　王曰琪公（渡瓊太始祖，男：觀泰、觀保、觀禮，乃自瓊城入會同始祖，肇基志忠鄉橋頭村），諸支宗系，遷臺族親，各宗蕃衍，亦代有傳人。茲分述各支系於次，以供宗親參訪查考。

一　代　二　代　三　代　四　代　五　代　六　代
觀　禮—珂　盧——愈——^{長子}祥——聯——儆——
　　　　　　　　　　　└兆——次支系，遷南面古調

七　代　八　代　九　代　十　代　十一代　十二代
—教敷——^{長子}化敦——開升——^{長子}自天——仁——^{次子}維陞——

（一）、長支長房維陛公系（甲嶺村履亨公系）

十三代　十四代　十五代　十六代　十七代　十八代

—┌履亨 次子 元鈊 長子 開東 長子 ┌茂楠 繼子 禹謨——英烈—
　└履貞　　　　　　　　　次子 └茂杍 長子 禹謨（出繼茂楠）

十九代　二十代　二一代　二二代

—國清 長子 朝欽 長子 開圻 長子 ┌運灝
　　　　　　　　　　　次子 ├運浹（移居馬來西亞）
　　　　　　　　　　　三子 └運濃（遷居臺灣花蓮）

臺一代：定居花蓮市中興路五十六巷

王正英，譜名：運濃，字奮夫，開圻三子。陸軍官校十七期畢業，軍事委員會軍令部諜報參謀訓練班七期結業。曾任連長、中隊長、組長、課長、庫長、副主任、主任等職。

案：民國二十八年（1939）己卯歲（日本侵華期間）二月，日軍侵陷瓊崖（今名：海南省），渡海逃往大陸後方，投考陸軍官校，畢業後奉派軍方單位任職。

民國三十八年（1949）己丑（國共內戰期中）十一月間，自雲南省會昆明市，奉調往海南榆林港第十一兵工廠（自湖南遷往榆林）工作。

民國三十九年（1950）庚寅二月，又隨兵工廠轉進臺灣（高雄市前鎮區），迨屆齡退伍。

民國十年（1921）辛酉歲十月十四日吉時生

　　取　馬啟芳，雲南昆明人，昆華中學畢業。

　　民國二十年（1931）辛未歲十月十二日吉時生

　　男　會雄　會中

　　女　曼麗　曼菁　曼燕

　臺二代：會雄、會中，正英（譜名：運濃）之子。
曼麗、曼菁、曼燕，正英之女。

　　王會雄，正英長子。文化大學畢業，從事經貿業。

　　民國四十四年（1955）乙未歲二月十五日生

　　取　陳芬芬，銘傳商業專科學校畢業。

　　民國四十六年（1958）丁酉歲生，已出，移民美國。

　　女　薇笛（美國出生）

　　續　黃　慧，專科學校畢業，公司會計。

　　一九八二年壬戌歲十一月十九日生

　　男　家和

　　王會中，正英次子。東方工業專科學校電子科畢業，
電腦公司工程師、經理。

　　民國五十二年（1963）癸卯歲八月十二日生

　　取　陳淑芬，崇佑企業管理專科學校畢業，業務專
員。

　　民國五十四年（1965）乙巳歲十一月四日生

　　男　家漢

　　王曼麗，正英長女，銘傳商業專科學校會計科畢業，
任公司會計。

　　民國四十年（1951）辛卯歲一月二十八日生

　　適　劉健民，臺灣省立臺北工業專科學校畢業，花蓮亞洲水泥公司工程師。

　　民國三十六年（1947）丁亥歲八月二十八日生

　　男　劉兆軒，國立臺北科技大學電子系畢業，工程師。

　　女　劉宇晴，文化大學新聞學系畢業，雜誌社服務。

　　王曼菁，正英次女。聖德基督學院畢業，貿易公司經理人。

　　民國四十二年（1953）癸巳歲三月十九日生

　　王曼燕，正英三女。中華福音神學院畢業，教會傳道人。美國哥倫比亞國際大學神學研究所（博士研究生）

　　民國四十六年（1957）丁酉歲五月十五日生

　臺三代：薇笛，會雄之女、家和，會雄之子。家漢，會中之子。

　　王薇笛，會雄之女。美國大學畢業，移居美國。

　　民國七十五年（1986）丙午歲一月二十六日生

　　王家和，會雄之子。

　　民國九十五年（2006）丙戌歲三月十四日生

　　王家漢，會中之子，在學中。

　　民國八十八年（1999）己卯歲二月二十日生

（二）、長支長房維陛公系（下嶺園履貞公系）

十三代　十四代　十五代　十六代　十七代　十八代
—履貞—^{三子}元銘—^{三子}潮—^{長子}茂椿—^{長子}殿謨—^{長子}紹烈　^{次子}
　　　　　　　　　　　　　　　　　　　次子 承烈 ^{繼子}

十九代　二十代　二一代　二二代　二三代
—國冕——朝選——開天—^{長子}運經 ^{次子}會毓（出繼運緯）
　　　　　　　　　　　次子 運緯 ^{繼子}會毓
　　　　　　　　　　　五子 運緒——會順（譜作：俊）

甲、運經公系

臺一代：運經公系，定居臺北市信義區吳興街。

　王會毓，運緯繼子，運經次子，高小畢業。

　民國二十二年（1933）癸酉歲五月十一日巳時生

　取　李世英，高小畢業。

　民國三十四年（1945）乙酉歲七月九日生

　男　家偉　家裕

臺二代：家偉、家裕，會毓之子。

　王家偉，會毓長子，高工畢業。

　民國五十三年（1964）甲辰歲十月二十一日生

　王家裕，會毓次子，工商職校畢業。

　民國五十六年（1967）丁未歲十月十一日生

乙、運緒公系

臺一代：運緒公系，定居桃園縣八德市大成里。

　王會順，譜名作：會俊，運緒之子，高小畢業。

民國二十二年（1933）癸酉歲九月十九日申時生

取　林秀蓮，國民小學畢業。

民國三十七年（1948）戊子歲十一月十六日生

男　家忠　家勇

女　家鳳

臺二代：家忠　家勇，會順之子。家鳳，會順之女。

　王家忠，會順長子。中華工學院電機工程學系所畢業（工學士、電機碩士），曾任工業技術學院工程師，電腦公司工程師。

民國六十一年（1972）壬子歲一月二十一日生

取　徐聖嵐，中華工學院畢業。

民國六十五年（1976）丙辰歲十月十三日生

男　庭佑

　王家勇，會順次子，治平中學電子科畢業。

民國六十六年（1977）丁巳歲五月二十七日生（農曆）

取　彭舒怡，高中畢業。

民國七十年（1981）辛酉歲五月十二口生（農曆）

女　庭柔

　王家鳳，會順之女，靜宜大學企業管理學系畢業。

民國五十九年（1970）庚戌歲九月十八日生

臺三代：庭佑，家忠之子。庭柔，家勇之女。

王庭佑，家忠之子，在學中。

民國九十二年（2003）癸未歲一月二十八日生

王庭柔，家勇之女，在學中。

民國九十二年（2003）癸未歲七月五日生

（三）、長支三房允洲公系（東山學宅園）

```
七 代  八 代  九 代  十 代  十一代  十二代
—教敷 三子 化昌——開賢——元天 長子 三江 長子 ⎧允洲—
                            五子 ⎩允泰
```

```
十三代  十四代  十五代  十六代  十七代  十八代
—佐思——元錫 四子 世球 長子 ⎧鼎裕——引經 次子 安爵 長子
              三子 ⎩鼎褆（花蓮新城：開拔系）
```

```
十九代  二十代  二一代  二二代
—國榮 長子 朝冠 長子 ⎧開文 繼子 運權
            三子 ⎩開炳 長子 運權（出繼開文）
```

臺一代：開炳公系，定居桃園市中山路。

　王運權，開文繼子，開炳長子，高小畢業。

　民國十七年（1928）戊辰歲八月十三日戌時生

　取　姓　氏，暨出生年月日（經查詢不願意告知）。

　男　會恒　會宇

臺二代：會恒、會宇，運權之子。

　王會恒，運權長子。國立成功大學電機工程學系所畢業（工學士、碩士、博士），歷任：全新光電公司工程師、處長，國立成功大學電機工程所教授。

　民國五十七年（1968）戊申歲生

　王會宇，運權次子。政戰學校專科班畢業，歷任憲兵司令部上尉政戰官。奉核准退伍後，轉任公司經理人。

　民國六十二年（1973）癸丑歲九月十日生

　取　姓　氏，暨出生年月日（經查詢不願意告知）。

　男　家明

臺三代：家明，會宇之子。

王家明，會宇之子，在學中。

民國八十九年（2000）庚辰歲一月生

（四）、長支三房允洲公系（東山羅士園）

七　代　八　代　九　代　十　代　十一代　十二代
—教敷—^{三子}化昌——開賢——元天—^{長子}三江—^{長子}允洲^{長子}
　　　　　　　　　　　　　　　　　　　　　　　^{五子}允泰

十三代　十四代　十五代　十六代　十七代　十八代
—佐思——元錫—^{四子}世球^{長子}鼎裕（居桃園市運權系）
　　　　　　　　　　　　^{三子}鼎褆——引紀——宇爵^{長子}
　　　　　　　　　　　　　　　　　　　　　　　　　^{三子}

十九代　二十代　二一代
—國賓—^{次子}朝仕（出繼國祥）
—國祥—^{繼子}朝仕^{長子}開蘭　　候
　　　　　　　　^{次子}開茂　　候
　　　　　　　　^{三子}開拔（遷居臺灣花蓮縣）

臺一代：朝仕公系，遷居花蓮縣新城鄉順安村。

　王光輝，譜名：開拔，朝仕三子。

　民國二十一年（1932）壬申歲十月十日申時生

　取　李建蓉，國民小學畢業。

　民國五十八年（1969）己酉歲十月十二日生

　女　運均

臺二代：運均，光輝（譜名：開拔）之女。

　王運均，光輝（開拔）之女，在學中。

　民國八十八年（1999）己卯歲一月十三日生

（五）、長支三房允泰公系

七　代　八　代　九　代　十　代　十一代　十二代

—教敷<u>三子</u>化昌——開賢——元天<u>長子</u>三江<u>長子</u>⌐允洲

　　　　　　　　　　　　　　　　　五子└允泰<u>繼子</u>

十三代　十四代　十五代　十六代　十七代　十八代

—文思<u>四子</u>南鏵<u>長子</u>世輝——鼎熙<u>四子</u>引什——龍爵<u>長子</u>⌐

　　　　　　　　　　　　　　　　　　　　　　三子└

十九代　二十代　二一代

—國冠<u>三子</u>朝連<u>長子</u>⌐開樂　候

　　　　　　　　次子└開香（兼祀朝選）

—國冕<u>繼子</u>朝選<u>祀子</u>開香（遷居臺灣桃園縣）

臺一代：朝連公系，定居桃園縣八德市瑞發里。

　　王開香，朝連次子，朝選祀子。國民小學畢業，曾任護理。

　　民國十八年（1929）己巳歲四月二十九日生，民國九十八年（2009）己丑歲十二月二十二日（農曆十一月初七日）子時卒，享壽八十一歲。

　　取　謝笋妹，國民小學畢業。

　　民國三十四年（1945）乙酉歲九月二十五日生

　　男　運偲　　女　月瑩

臺二代：運偲，開香之子。月瑩，開香之女。

　　王運偲，開香之子。二專畢業，電腦公司技師。

　　民國六十六年（1977）丁巳歲四月二十日生

取　蕭秀貞，高中畢業，電腦公司技術員。

民國六十七年（1978）戊午歲四月十七日生

男　會權　　女　佑歆

王月瑩，開香之女，高職畢業，公司助理人。

民國六十年（1971）辛亥歲三月十七日生

適　游文永，高中畢業，模具公司經理人。

民國五十七年（1968）戊申歲十一月八日生

男　游佳憲　　女　游亞婷　游頤君

臺三代：會權，運偲之子。佑歆，運偲之女。

王會權，運偲之子，在學中。

民國九十二年（2003）癸未歲一月六日生

王佑歆，運偲之女，在學中。

民國九十三年（2004）甲申歲十二月十二日生

（六）、次支長房汝賓公系（樂會陽江鄉大寮村）

一　代　二　代　三　代　四　代　五　代　六　代
觀禮──珂盧──愈┬長子┐祥───聯（長支系）
　　　　　　　　└次子┴兆───廣───璉──

七　代　八　代　九　代　十　代　十一代　十二代
─受──孟祥──中學──世珍─長子─經德┬長子┬昌保┬次子
　　　　　　　　　　　　　　　　　└次子┴興保┴繼子

　案：釋臣，又作：奭臣，昌保次子，出繼興保。

十三代　十四代　十五代　十六代　十七代　十八代
─釋臣─長子─汝賓─長子─世瑚─長子┬中陞─繼子─克典─長子─贊緒─長子
　　　　　　　　　　　　　　　　└次子┴中倫─長子─克典（出繼中陞）

十九代　二十代　二一代　二二代　二三代　二四代
─國培──朝源─長子─啟霖──運烈─長子┬會其─祀子─家昌
　　　　　　　　　　　　　　　次子├會選（移居臺灣）
　　　　　　　　　　　　　　　三子└會均（遷居臺灣）

甲、運烈公次房系

臺一代：運烈公次房系，定居高雄市前鎮區。

　王會選，運烈次子，字舉直。廣東省立瓊崖中學高中畢業，臺灣省警察學校畢業。曾任高雄市政府警察局籬仔內，暨復興路派出所主管（所長），前鎮分局巡佐。

　民國十八年（1929）己巳歲九月十九日辰時生，民國

七十五年（1986）丙寅歲十一月二十一日辰時卒，靈骨安厝高雄市萬壽山靈塔。

民國三十九年（1950）庚寅歲五月，海南易幟，隨政府遷臺（落籍高雄市），考取臺灣省警察學校警員班八期畢業，分發高雄市政府警察局服務。由於工作勤奮，服務熱忱，績效卓著，數度當選模範警察，並獲頒警察獎章，暨服務績優勳章。而且經常濟助清寒鄉親，殊受高屏地區海南鄉親讚譽。

民國七十五年（1986）丙寅歲十一月間，於前鎮分局巡佐任內，因主辦違警裁判業務，積勞成疾，送醫不治，與世長辭。惡耗突傳，震驚高市警界，識者聞唁，莫無深感哀悼矣。　　弟王會均謹誌　臺北市寓所

取　劉阿粉，國民小學畢業。

民國三十年（1941）辛巳歲七月十五日生

男　家忠　　女　秀美

臺二代：家忠，會選之子。秀美，會選之女。

王家忠，會選之子。中山高職畢業，從事服務業。

民國六十一年（1972）壬子歲三月十六日生

王秀美，會選之女。高中畢業，曾任作業員。

民國五十一年（1962）壬寅歲八月十二日生

乙、運烈公三房系

臺一代：運烈公三房系，定居臺北市大安區福住里。

王會均，運烈三子，字和如，筆名：王和怡，室名：和怡齋、和怡書屋。政治作戰學校七期政治系，文化大學行政管理學系畢業（法學士），五十六年乙等特考普通行政人員及格、六十四年乙等特考人事行政人員優等及格。歷任輔導長、訓導員、政戰官，副研究員兼事務股長、編輯、主任等軍公職。由於工作勤奮，服務熱誠，績效卓著，曾獲頒陸軍景風獎章乙座，服務績優獎章二座，各種獎狀及榮譽狀等十二軸，並當選教育部優秀教育人員。

民國三十九年（1950）庚寅歲五月，海南易幟，與兄會選追隨政府遷臺（落籍臺北市）。先後在政戰學校、文化大學畢業，曾任軍公職三十七年。於臺灣省立臺北圖書館（臺灣總督府圖書館改制），暨國立中央圖書館臺灣分館服務期間，從事社會教育與學術文化工作。對於圖書典籍維護、微縮資料管理、社教推廣活動，獻力竭功致偉，深受長官器重，暨學術文化界讚譽。

於圖書館，坐享書城，同書共眠，沉溺書海，二十五載，漁獲甚豐。對海南文獻史料之蒐集、彙整、編纂及研究，著力良多，除《中華民國企業管理資料總錄》、《公文寫作指南》、《縮影圖書資料管理》、《微縮資訊系統研究》外，尚著有《海南文獻資料簡介》、《海

南文獻資料索引》、《日文海南資料綜錄》、《海南方
志資料綜錄》、《陳序經：全盤西化　走向世界》、
《海瑞：明廉吏　海青天》、《丘濬：神童　賢輔　宗
師》、《南海諸島史料綜錄》、《海南公文書類綜錄》
等專書，暨圖書館學與海南史志研究論文，近五十餘篇
（尚待結集中），約百萬餘言，殊獲國內外學界士子，
暨邦人君子之重視與嘉評、肯定與珍惜矣。

　　民國二十二年（1933）癸酉歲五月十一日申時生

　　取　邱美妹，屏東縣長治鄉望族，溫和親切，勤勞儉
樸，敦親睦鄰，誠信和諧，公益善行，親朋頌揚。

　　民國三十七年（1948）戊子歲十二月二十八日生

　　男　家昌（兼祀會其）

　　女　珮琪（譜名：家嵐）

臺二代：家昌，會均之子。珮琪，會均之女。

　　王家昌，會均之子。國立臺灣大學化學工程學系所畢
業（工學士、化工碩士）。歷任：研究助理、翻譯工程
師，日譯工程師。

　　民國六十五年（1976）丙辰歲七月六日生

　　王珮琪，譜名：家嵐，會均之女。大漢工商專科學校
國際貿易科畢業，法國格勒諾布高等商學院畢業（國際
貿易學士、企業管理碩士）。曾任：貿易公司業務助
理、美體小舖副店長、港商臺北分公司專案經理、法國
顧問公司助理顧問、法國施耐德集團專案助理。

　　民國六十三年（1974）甲寅歲十二月二十八日生

二、吾支直系

稽吾王氏，世稱鉅族，源出黃帝，有姬姓之王，媯姓之王，子姓之王，皆天子之後裔者也。

王氏，緣自姬姓，望出太原、瑯琊。歷唐虞、夏、商、周數十代，相傳相承，始於黃帝，乃上古氏族太始祖。於第四世帝嚳，至十九世周文王（昌）、二十世周武王（發）、四十一世周靈王（泄心）、四十二世晉（周靈王太子，字子喬，本姬姓，以直諫被廢為庶人）、四十三世宗敬（晉子），晉既廢，為司徒，居山西太原，時人號曰：王家，因以為氏，是乃太原王氏繫姓始祖。

迨戰國時代，秦國名將軍王翦（五九世），三代為將，功業彪炳。遞傳六二世，宗分兩支：元公以避秦亂遷山東，是即瑯琊之王系。威公在太原，乃太原王氏主系（俗稱：宗子）也。

自兩漢而後，賢能輩出，諸如：六九世祖王遵公，為大將軍，舉兵歸漢光武，拜太中大夫，封向義侯。七十世祖王音公，官御史大夫，漢成帝時，薦大司馬，車騎將軍，封安陽侯。於晉代，七四世祖王導公，少有風鑑，識量清遠，深見委仗，朝野號曰仲父。晉元帝即位，拜為丞相，歷事三朝，出將入相，導功為最，官至太傅。七六世祖王珣公，弱冠為桓溫掾，轉主簿，後為尚書右僕射，領吏部。以才學文章見昵於武帝，封東亭侯，累官散騎常侍。

南北朝時期，七七世祖王曇首公，幼有素向，兄弟分

財，惟取圖書，為宋文帝鎮西長史，後任侍中，遷太子詹事。七九世祖王儉公，少好禮學，尤善春秋，言論造次，必於儒教。宋明帝時，歷官秘書丞，遷尚書左僕射，領吏部，封南昌縣公。時朝儀草創，皆儉公議定之。八一世祖王規公，有至性，稱孝童。博涉有口辯，舉秀才，襲封南昌縣侯，除中書黃門侍郎，同侍東宮，為昭明太子所禮。大通中，累官左民尚書，遷太子中庶子，辭疾不拜，於鍾山隱居，有《續漢書注》。八二世祖王褒公，博覽史傳，七歲能屬文。梁元帝時，召拜吏部尚書，左僕射，褒既名家，文學優贍，位望隆重，時論稱之。尋入周，授車騎大將軍，明帝好文學，特加親待，官終宣州刺史。

唐、五代，九○世祖王潮（本名：審潮）、王審邽、王審知公三兄弟，平光州，遂歸唐。為治閩亂，從光州入福建，開闢閩疆，封開閩王。

王氏列祖，功在國家，續著史乘，歷代不替，不勝枚舉，實中原光榮氏族之大系也。

宋代，王祜公，宋初知潞州，尋代苻彥卿鎮大名，以百口明彥卿無罪，世謂祜有陰德。嘗手植三槐於庭，曰：吾子孫必有為三公者。後次子旦位宰相，天下謂之三槐王氏。宋太宗謂祜文章清節兼著，特拜兵部侍郎，積勛封晉國公。是以王祜公，乃吾三槐堂王氏之始祖也。

王旦公，祜次子，字子明，宋太平興國進士，真宗時累擢知樞密院，進太保。旦當國最久，事至不膠，有謗不校，軍國重事，皆預參決。卒，封魏國公，諡：文正。

王居正，字剛中，族人稱悅公。少好學，工文辭，入太學，主司重其才。舉進士第二甲龍圖，歷任太常博士、禮部員外郎、太常少卿、修政局參議、起居郎、婺州知州、起居舍人、中書舍人、史館修撰、兵部侍郎等職。後被封為文華閣大學士兼樞密察，贈太師，參預國務決策。

居正力主抗金拒和，屢被秦檜陷害，出知饒州，又改知吉州，尋奪職奉祠，檜死，復故職。宋紹興二十一年（1151）辛未歲，奉詔來粵交付監察御史安置。同歲（辛未）二月，攜夫人李氏，暨子王斗魁、王斗糾，渡海來瓊述職，不幸於三月卒（年六十五歲），葬瓊山縣府城東南譚社村邊。追封為文義公，誥封李氏為開國夫人。

王居正氏，乃三槐堂：王祜、王旦之後，亦係海南王姓入瓊之始祖，後裔分布海南各地。世代蕃衍，相承相傳，科甲迭起，代有賢人。

王曰琪公，元仁宗延祐年間賜進士出身。敕授奉直大夫，簡命渡瓊，任萬州知州。遂籍居瓊郡城北門，是乃吾宗入瓊之太始祖也。

妣　林　氏，敕贈五品宜人。卒，葬白石嶺。

男　觀泰　觀保　觀禮

　　案：明洪武年間，兄弟三人，自瓊郡城遷居會同縣
　　　　志忠鄉橋頭村，而泰、保二公，俱崇廟祀。

一　代：觀禮，曰琪三子，乃肇基會同橋頭之始祖也。

王觀禮公，敕授武節將軍錦衣衛正千戶。明初洪武年間，自瓊郡城北門遷會同，肇居橋頭苦竹山村。卒於

軍，葬佛子嶺。

　　姙　周　氏，敕贈安人。

　　男　珂盧

二　代：珂盧，觀禮之子。

　　王珂盧公，敕授兵部督餉監軍主簿，葬苦竹山至今。塋封照然，英氣顯赫，眾鄉建廟，刻繪公父子金容奉祀。著有《贊咒傳并文集》（一卷），於今佚傳。

　　原基在橋頭苦竹山，即今之大村也。磉石尚存，墳廟即其故址。至於開創之山川產業，不能悉載，惟有歌咏所傳，備詳於序。

　　姙　陳　氏，敕贈安人。

　　男　愈

三　代：愈，珂盧之子。

　　王　愈公，珂盧之子。歲貢，敕授修職佐郎，選儒學。享壽八旬有八，居棒榕里，葬樂邑馬敬山。

　　姙　林　氏

　　男　祥　兆（移居南面、古調）

四　代：祥、兆，愈之子。

　　王　兆公，愈次子，旨授選舉鄉飲大賓。自棒榕里，遷樂邑南面村。享壽九旬，卒葬六敲山。

　　姙　陳　氏

　　男　廣　養　玘

五　代：廣、養、玘，兆之子。

　　王　廣公，兆長子。卒，葬山頭山。

妣　馮　氏

男　璉　德　尾

六　代：璉、德、尾，廣之子。

王　璉公，廣長子，庠生。卒，葬六敲山。

妣　吳　氏

男　受

七　代：受，璉之子。

王　受公，璉之子。

妣　馮　氏

男　孟祥

八　代：孟祥，受之子。

王孟祥公，受之子。卒，葬六敲山。

妣　李　氏

男　中學

九　代：中學，孟祥之子。

王中學公，孟祥之子。卒，葬黃京坡。

妣　吳　氏，葬葵根山。

男　世泰　世馨（出繼守約）　世珍

十　代：世泰　世馨　世珍，中學之子。

王世珍公，中學三子。卒，葬李公塘園。

妣　馮　氏，卒葬古調園。

男　經德　經賓　經龍　經豪　經富

十一代：經德、經賓、經龍、經豪、經富，世珍之子。

王經德公，世珍長子。

　　妣　陸　氏

　　男　昌保　興保　誠保

十二代：昌保、興保、誠保，經德之子。

　　王興保公，經德次子。卒，葬牛望嶺。

　　妣　黃　氏

　　續　梁　氏

　　繼男　釋臣（昌保次子）

十三代：釋臣，又作：奭臣，昌保次子。

　　王釋臣公，興保繼子，昌保次子。卒，葬青塘山。

　　妣　何　氏

　　續　周　氏，卒，與考同葬。

　　男　汝賓　汝華（俱何出）

　　　　汝寧　汝選　汝會（俱周出）

十四代：汝賓、汝華、汝寧、汝選、汝會，釋臣之子。

　　王汝賓公，釋臣長子。開族大香寮，今大良村宗系，遂由茲孳衍，是為大寮村肇基（居）始祖者也。

　　清康熙二十八年（1689）己巳歲生，乾隆七年（1742）壬戌歲卒，葬蒙嶺。

　　妣　龐　氏，葬熊斗北邊大堀坡。

　　續　陳　氏，葬牛白埇，坐亥。

　　男　世瑚　世璉（龐出）

　　養男　世琮（汝選三子）

十五代：世瑚、世璉，汝賓之子。世琮，汝賓養子。

　　王世瑚公，汝賓長子。勤儉聚富，拓殖基業。

清康熙五十九年（1720）庚子歲生，乾隆四十一年（1776）丙申歲卒，葬后下園稅地，改葬題榜，坐丙。

姚 龐 氏，清雍正二年（1724）甲辰歲生，乾隆四十一年（1776）丙申歲卒。葬榜吉坡，坐癸。

男 中陛 中倫 中鈺 中珍

十六代：中陛、中倫、中鈺、中珍，世瑚之子。

王中陛公，世瑚長子。學名：晉輝，字銘封，國學生，為人剛直。

清乾隆十五年（1750）庚午歲生，乾隆四十七年（1782）壬寅歲卒，葬龍面坡，有碑。

姚 陳 氏，卒葬牛頭茨山，坐未加丁。

男 克佐（早亡）

繼男 克典（中倫長子）

十七代：克典，中陛繼子，中倫長子。

王克典公，中陛繼子，中倫長子。字訓庭，諡文敏。

清乾隆四十五年（1780）庚子歲生，道光十四年（1834）甲午歲卒，葬門前園，坐庚。

姚 何 氏，閨評端肅。卒葬崗寮坡，坐庚。

男 贊緒 贊永

十八代：贊緒、贊永，克典之子。

王贊緒公，克典長子。字留亭，恩賞鄉賓。男國培例授直隸州州同，誥贈六品。

清嘉慶八年（1803）癸亥歲生，咸豐元年（1851）辛亥歲卒，葬油麻嶺，坐亥。

　　姚　　馮　氏，誥贈六品安人，閨評勤淑。卒葬大舉坡，有碑。

　　續　　張　氏，葬龍面坡，坐亥。

　　續　　朱　氏，葬羅坡嶺，坐乙。

　　男　　國培（馮出）　國堃（張出）又作：國坤
　　　　　國圻（朱出）少亡

十九代：國培、國堃，贊緒之子。

　王國培公，贊緒長子，字敦仁，號蘭階。篤志詩書，屢負青雲，遵例籌餉直隸州州同，誥封一代。

　　清道光十三年（1833）癸巳歲生，清光緒壬申年卒，葬牛牯嶺，坐丁。

　　　　案：清光緒朝，無壬申歲。疑係清同治十一年
　　　　　　（1872）壬申歲之誤，有待查考。

　　姚　　鄭　氏，誥贈六品安人。卒葬油麻嶺，有碑。

　　男　　朝源（兼祀國坤）

二十代：朝源，國培之子，國坤祀子。

　王朝源公，國培之子。字川如，號淵泉，恩賜鄉賓，謚：篤直。

　　清咸豐四年（1854）甲寅歲五月初三日寅時生，清光緒十七年（1891）辛卯歲二月初六日酉時卒。

　　姚　　何　氏，清咸豐六年（1856）丙辰歲十月十八日未時生，民國二十六年（1937）丁丑歲十二月二十日戌時卒

　　男　　啟霖　啟甲（出繼國坤）

二一代：啟霖、啟甲，朝源之子。

王啟霖公，朝源長子。字泳亭，例授直隸州州同。

清光緒三年（1877）丁丑歲八月二十八日亥時生，清光緒三十四年（1908）戊申歲十一月十四日辰時卒。

姒 李 氏，係鄉中望族，名門閨秀。性慈祥，重婦節，守志不二，母兼父職，勤儉齊家，撫育子女成人。於公益善行，向不後人，殊受鄉里敬重。

清光緒四年（1878）戊寅歲九月初八日寅時生，一九五四年甲午歲七月卒。葬外坡園，坐丙向東分金。

男 運烈 女 運英（適：黎卓仁）

二二代：運烈，啟霖之子。

王運烈公，啟霖之子。字揚廷，號民生，以字號行。天資聰敏，幼從鄉賢龔書三公，勤習經史詩文，尤其工書善文，著名鄉里。

及長渡海入廣東地方武裝團體訓練員養成所，暨廣東警衛研究班畢業。歷任地方團董、自衛隊長、鄉長、區長、營副官、縣科長、主任祕書等公職。於日軍侵華戰爭末期，在海南五指山區白沙縣陣亡。

清光緒二十四年（1898）戊戌歲八月初二日未時生，民國三十一年（1942）壬午歲九月二十七日辰時卒。

姒 陳 氏，出自鄉中望族，性溫柔，重婦道。賢淑淳厚，事姑至孝，相夫教子，勤勞儉樸，熱心善行，濟助貧寒，深獲鄉里敬佩與稱頌。

清光緒二十五年（1899）己亥歲九月十二日戌時生，民國三十七年（1948）戊子歲九月二十日戌時卒，葬芳

埠坡，坐西向東。

男　會其（宗子）

　　會選（民國三十九年五月，遷臺定居高雄市）

　　會均（民國三十九年五月，遷臺定居臺北市）

女　會芳（秀外慧中，適：黃明幹）

二三代：會其（宗子）、會選、會均，運烈之子。

王會其，運烈長子。廣東省立瓊崖中學、陸軍軍官學校畢業，曾任：排長、連長。

民國十一年（1922）壬戌歲十二月三十日卯時生，於抗日戰爭末期陣亡（約民國三十三年間），可惜壯志未酬，身先捐國，誠屬憾惜矣。

臺一代（二三代）：會選、會均，運烈之子。

民國三十九年（1950）庚寅歲五月間，海南易幟，與次兄會選追隨政府遷臺，落籍臺北市，卜居大安區（福住里），是為臺一代也。

王會均，運烈三子。字和如，筆名：王和怡，室名：和怡齋、和怡書屋。政戰學校政治學系，暨文化大學行政管學系畢業。曾任軍公職三十七載，退休後，精心從事〔海南史志〕研究。

民國二十二年（1933）癸酉歲五月十一日申時生

取　邱美妹，屏東縣長治鄉望族。性情溫純，賢淑慧敏，勤勞節儉，相夫教子，敦親睦鄰，誠信和諧，樂助善行，親朋頌揚。

民國三十七年（1948）戊子歲十二月二十八日吉時生

　　男　家昌　女　珮琪（譜名：家嵐）

臺二代（二四代）：家昌（宗子），會均之子。珮琪，會均之女。

　　王家昌，會均之子。國立臺灣大學化學工程學系所畢業（工學士、化工碩士），曾任研究助理、日譯工程師

　　民國六十五年（1976）丙辰歲七月六日（農曆六月初十日）吉時生

　　王珮琪，譜名：家嵐，會均之女。法國格勒諾布高等商學院畢業（國際貿易學士、企業管理碩士）。歷任：業務助理、副店長，暨外商公司專案經理、助理顧問、專案助理等職務。

　　民國六十三年（1974）甲寅歲十二月二十八日生（農曆十一月十五日）吉時生

　　緣自元仁宗延祐年（1314～1319）間，王曰琪公，銜命渡瓊，任萬州知州，遂籍居瓊郡城北門（入瓊之太始祖）肇始，於今相傳二十四代，歷時六百九十餘年。於上所列舉者，除遷臺之二代外，是乃吾支直系之先世先祖者也。餘詳系譜，恕不贅言，以免重複矣。

參考文獻史料

《二十五史》　　漢·司馬遷等撰

　民國七十六年（1987）　臺北市　鼎文書局　新校本

《道光　福建通志》　　清·陳壽祺修

　民國五十七年（1968）　臺北市　華文書局　影印本

《興化府志》（重刊）　　清·周　瑛修

　清同治十年（1871）刊本　線裝：二〇冊

《乾隆　莆田縣志》　　清·汪大經修

　民國五十七年（1968）　臺北市　成文出版社　影印本

《道光　廣東通志》　　清·阮　元修

　民國五十七年（1968）　臺北市　華文書局　影印本

《道光　瓊州府志》　　清·張岳崧纂

　民國五十六年（1967）　臺北市　成文出版社　影印本

《宣統　樂會縣志》　　林大華纂修

　清宣統三年（1911）孟夏月續修　會文石印版　線裝本

《歷代人物年里通譜》　　楊家駱

　民國六十三年（1974）　臺北市　世界書局　精裝本

《中國人名大辭典》　　臧勵龢

　民國六十一年（1972）　臺北市　臺灣商務印書館本

《中國美術家人名辭典》　　文史哲

　民國七十六年（1987）　臺北市　文史哲出版社本

《萬姓統譜》　　明·凌迪知纂

民國六十年（1971）　臺北市　新興書局　影印本

《姓氏考略》　　陳延煒

民國二十六年（1937）　上海市　上海商務印書館

《中國姓氏集》　　鄧獻鯨

民國六十年（1971）　臺北市　至大圖書公司本

《中國百家姓解說辭典》　　新文豐

民國七十四年（1985）　臺北市　新文豐出版公司

《中國姓氏辭典》　　陳明遠　江宋虎

一九九五年一月　北京市　北京出版社　第一版

《王曰琪公世系錄》　　王啟安主修

一九八三年（癸亥）續修本　海南瓊海縣　線裝本

撰者專著

一、中華民國企業管理資料總錄

　　民國六十八年　臺北市　哈佛企業管理顧問公司印行

二、公文寫作指南

　　民國七十二年　臺北市　文史哲出版社印行

三、縮影圖書資料管理

　　民國七十二年　臺北市　文史哲出版社印行

四、海南文獻資料簡介

　　民國七十二年　臺北市　文史哲出版社印行

五、縮影問題與分析

　　民國七十五年　臺北市　文史哲出版社印行

六、海南文獻資料索引

　　民國七十七年　臺北市　文史哲出版社印行

七、日文海南資料綜錄

　　民國八十二年　臺北市　文史哲出版社印行

八、海南方志資料綜錄

　　民國八十三年　臺北市　文史哲出版社印行

九、走向世界　全盤西化：陳序經

　　民國九十五年　臺北縣中和市　國立中央圖書館臺灣分館

十、南海諸島史料綜錄

　　民國九十八年　臺北市　文史哲出版社印行